中大管理研究

China Management Studies

第8卷 (4)

经济科学出版社

2013年

图书在版编目（CIP）数据

中大管理研究.2013.第8卷.4/李新春主编. --北京：经济科学出版社，2014.1

ISBN 978-7-5141-4249-5

Ⅰ.①中… Ⅱ.①李… Ⅲ.①企业管理-文集 Ⅳ.①F270-53

中国版本图书馆CIP数据核字（2014）第011592号

责任编辑：文远怀　卢元孝

责任印制：邱　天

中大管理研究（2013年第8卷-4）

李新春　主编

经济科学出版社出版、发行　新华书店经销

社址：北京市海淀区阜成路甲28号　邮编：100142

总编室电话：88191217　发行部电话：88191537

网址：www.esp.com.cn

电子邮件：esp@esp.com.cn

天猫网店：经济科学出版社旗舰店

网址：http://jjkxcbs.tmall.com

北京万友印刷有限公司印装

787×1092　16开　11印张　168 000字

2014年1月第1版　2014年1月第1次印刷

ISBN 978-7-5141-4249-5　定价20.00元

管理學院
SUN YAT-SEN BUSINESS SCHOOL
SYSBS

AACSB ACCREDITED

EFMD EQUIS ACCREDITED

Accredited by Association of MBAs

CSSCI（2012–2013）收录集刊

中大管理研究

2013年　第8卷 (4)

《中国学术期刊网络出版总库》及CNKI系列数据库全文收录
《中文科技期刊数据库》全文收录
《华艺线上图书馆》全文收录

中大管理研究
2013年 第8卷(4)

目　录

China Management Studies
2013 Volume 8 (4)

CONTENTS

东亚地区自由贸易协定中的轮轴效应及中国应对

马野青 杨禛彦[①]

摘 要： 近年来随着区域经济一体化的发展，双边和诸边自由贸易协定不断增多，全球贸易网络日益复杂。鲍德温（Baldwin）在2003年提出东亚地区在未来50年内可能形成以中国和日本为轮轴国，其他国家为辐条国的“自行车”网络贸易模式。本文首先利用扩展的引力方程证实了东亚地区确实存在区内贸易的偏好，又通过对东亚主要国家之间以及东亚主要国家与世界主要地区之间的HM指数对比分析，验证“自行车模式”形成的原因，指出中国应积极巩固自身的轮轴国地位，逐渐构建东亚自由贸易区，而上海自由贸易区建设对此具有积极意义。

关键词： 自由贸易协定、“自行车模式”、东亚经济一体化、HM指数
中图分类号： F114.41

① 马野青、杨禛彦，南京大学国际经济贸易系。本文为国家社科基金一般项目“中国对外贸易不平衡发展趋势研究”（10BJY079）的阶段性研究成果。

一、引 言

20 世纪 80 年代，全球范围内区域经济一体化兴起，东亚地区[①]自 90 年代起也得到迅速发展，并迎头赶上。在目前的全球区域贸易协定中，欧洲、东亚、北美、南美及中东地区签订的区域贸易协定名列前茅，其中欧洲签署的协定最多，达 75 个。东亚签署的区域贸易协定共 41 个，居全球第二。

但相比于欧美，东亚地区自开始经济一体化进程以来，就处于一种不均衡的低效率状态，被称为“意大利面碗”（spaghetti bowl）现象（Kowalczyk 和 Wonnacott，1992）。众多的 RTA 在此相互交错重叠，杂乱无章。对于那些首先签订贸易协定的国家来说，它们主要向欧美出口零部件和中间产品，其贸易流量很大程度上决定于本国获得的 FDI。亚洲充当着世界的加工厂，产品与零件在亚洲进行加工，最终销往欧美市场。

随着亚洲各国双边贸易协定的签订，双边贸易中的“丛林法则”逐渐展现。对于多边贸易，存在维持大国与小国权利与责任均衡的统一法则，例如 WTO。然而在双边自由贸易协定中，两国经济实力和政治实力的差异使得贸易上的弱肉强食更为明显，各国差距拉大，以强国为轮轴的“轮轴 – 辐条”体系逐渐形成。区内有关国家为了扩大市场和获取 FDI，都更倾向于与大国签订贸易协定，小国之间签订贸易协定的愿望较弱。受到多米诺效应的影响，与轮轴国签订贸易协定的辐条国越多，轮轴国出口量增多，但随着辐条国数量的增加会使辐条国的出口量增加趋向于零。因此，对区域大国而言，能否成为区域自由贸易协定中的领头羊至为重要。在东亚，日本作为经济大国，率先打开了签订自由贸易协定的大门，因此成为潜在轮轴国。近 10 年来，中国也积极与各国开展贸易合作，轮轴国地位日益显现。东亚地区以中日为轮轴的“自行车模式”逐渐形成，中日面临着充当地区经济贸易发展领头羊的竞争。

对于上述现象，本文首先利用引力方程的扩展方程，实证分析了东亚地区贸易的不平衡性，然后就此不平衡性，利用 HM 指数分析，证明日本和中国在东亚贸易中的轮轴国地位，并对东亚地区区域经济一体化发展提出相应

---

① 本文中的东亚地区是指：日本、韩国、中国（包括香港和澳门）、东盟 10 国、澳大利亚和新西兰。

的对策建议。

二、相关文献与研究方法综述

（一）"轮轴－辐条"体系理论的发展与完善

艾舍尔（Ethier）（1997、1998、2001）指出，新区域主义所处的世界经济环境已经与旧区域主义时期截然不同，其主要特征有三：一是多边贸易自由化进程已经取得相当进展，工业化国家制成品的关税水平已经较低；二是FDI对于一个国家的经济发展显得日益重要；三是信息处理、通信等国际交易成本下降，使得FDI相对于国际贸易成本下降。因此，新区域主义理论更为强调国际政治经济学视角，更为强调经济改革效应、直接投资等因素对于FTA的意义，而贸易创造和贸易转移之间的平衡则逐渐淡出新区域主义理论的视野。

在新区域主义的框架下诞生了"轮轴-辐条"（H&S system）体系理论。"轮轴-辐条"体系早期是作为"有两条边的三角形模式"（Wonnacot，1975）提出的。注意到这一模式逐渐形成的经济学家不在少数，比如对于美国在北美地区成为缔结FTA焦点的问题的讨论（Yung和Yoo，1989）。"轮轴-辐条"模式的说法在1990年被李卜舍和沃纳科特（Lipsey and Wonnacott）正式提出。1991年，Lipsey重新检验了该体系，沃纳科特（Wonnacott）则较为系统地解释了与该理论相关的一系列原理。沃纳科特和罗纳尔德（Wonnacott and Ronald）（1996）分析了在区域经济合作中处于"轮轴"地位的国家至少可以在贸易和投资两方面获得特殊的优惠。"轮轴-辐条"式新区域经济一体化模式的研究随着实践的发展在不断深入，科瓦兹克（Kowalczyk and Wonnacott），（1992）在NAFTA框架下分析了美国、加拿大、墨西哥可能形成的"轮轴-辐条"模式，其选取国家数量较少，未建立模型。东艳（2006）则选取1990~2004年北美地区包括墨西哥在内的10个国家为样本，对于"轮轴-辐条"体系的福利状况进行实证分析，证明了鲍德温（Baldwin）（2003）提出的"抢先理论"，即处在轮轴国地位的国家其出口会随着与之相连的辐条国数量的增加而增加，而处在辐条国地位的国家虽然在签订FTA后出口也会增加，但辐条国数量一直增加时，其出口增加趋向于零，因而在区域一体化之初就掌握贸易协定签订的主导地位十分重要。

鲍德温（Baldwin）（2003）对东亚地区的“轮轴-辐条”模式进行了详细的分析。除了对东亚地区为何会形成“轮轴-辐条”体系，以及该体系会带来的区域范围内的福利无法最大化的弊端进行论述之外，鲍德温（Baldwin）还提出了一国轮轴度（Hubness Measurement Index，HM 指数）的概念，并对东亚各国进行了 HM 指数的实证分析,证明了东亚地区日本和中国的轮轴国地位。他把这种独特的“轮轴-辐条模式”称为“自行车模式”。同时,鲍德温(Baldwin)提出了避免东亚国家掉入辐条陷阱的两个方案:（1）建立东亚自由贸易区;（2）建立东亚范围内的 FTA 联盟。

（二）本文的分析方法

1. 贸易引力模型

早在 1962 年，丁伯根（Tinbergen）就在一次演讲中把引力模型引入到贸易协定的研究中，用以计算平均优惠条款对双边贸易流量产生的影响。原始引力模型只用于验证 FTA 对成员间贸易及区域整体对外贸易的影响。1963 年波哈伦（Poyhonen）在德国《世界经济》杂志上撰文尝试建立一个模型以解释国家之间贸易流量的问题。他们提出的贸易引力模型最基本的形式为:

$$X_{ij} = a\frac{(Y_iY_j)^{\beta 1}}{D_{ij}^{\ \beta 2}}$$

其中，X_{ij} 代表两国之间的贸易量；α 是常数；Y_iY_j 是两国 GDP 的乘积；D_{ij} 表示两国的距离，一般由两国首都或是经济中心之间的距离决定；β_1、β_2 是参数，表示弹性。由此公式可以看出，两国之间的贸易量与他们两国的 GDP 成正比，与两国之间的距离呈反比。将原模型转化为线性的对数形式得到:

$$\text{In}X_{ij} = \beta_0 + \beta_1\text{In}Y_iY_j + \beta_2\text{In}D_{ij} + \mu$$

1996 年，林纳曼（Linnemann）在引力模型中引入了两个新的解释变量:人口和贸易政策。人口用以衡量两国的市场规模和消费水平，在后续的研究中，学者们一般用人均 GDP 来代替。而贸易政策是一个虚拟变量，研究引力模型的学者根据不同的研究对象，选取判断是否属于一个自由贸易区或者是否建立双边贸易协定的虚拟变量。

仅研究一国与其他国家的双边贸易量时，可以固定一国的 GDP 与人均 GDP，使用最小二乘法拟合得到一国与其他国家贸易量的回归方程，从而得到贸易量的估测值。将实际值与估测值进行比较，便可得出一国与其他国家的贸易潜力。2003 年姜书竹和张旭昆运用贸易引力模型对影响东盟各国双边贸易量的因素进行定量的估计和考察，并以此为根据估计中国与东盟的贸易潜力。2004 年，林玲、王炎通过对该模型的实证检验和政策分析得出 GDP、空间距离、国土面积和 APEC 是影响中国双边贸易的主要变量。

2. HM 指数分析法

HM（Hub-ness Measurement Index）指数最初由鲍德温（Baldwin）提出，用以衡量一国在“轮轴-辐条”体系中的“轮轴度”。当一国选择与别国签订贸易协定开放其国内市场时，必然是为了获取他国的市场作为交换。这样一来，是否签订 FTA 就成了在开放本国市场和获取他国市场之间利益权衡的结果。按照这种逻辑，假设 A 与 B 两个国家，在以下三种情况下两国更加容易签订双边自由贸易协定：

（1）B 国是 A 国出口商品最大的国外市场之一。由于 B 国的市场对 A 国来说太过重要，A 国国内势力会积极推动政府与 B 国签订贸易协定，以防止 A 国市场被其他的国家抢先占领。

（2）B 国对 A 国的进口只占到 B 国进口产品的很小一部分。当 A 国有意向签订协定时（比如说是因为一些政治原因），B 国国内反对势力的影响相对较小，从而使得 B 国的政府得以与 A 国互相开放市场。

（3）A、B 两国的经济实力也成为影响双边 FTA 的主要原因之一。比如说，B 国经济实力比 A 国强大许多，那么 A 国就会对 B 国国内的巨大市场很感兴趣。从 B 国的角度来说，A 国较弱的经济实力使得其即使开放了市场也只会损失很少的国内产业利益。而这些损失又很快能被贸易自由化带来的利益所补偿。因此，小国与小国之间签订自由贸易协定往往十分困难，因为双方都缺少签订协定的动力。

基于以上的分析，可以总结出别国与一国签订贸易协定意向的量化公式：

$$HM_B = X_{AB} \cdot (1 - M_{BA})$$

HM 指数表达别国与一国签订贸易协定意向的量化，也即表达一国对另一国的贸易依赖程度。国际上 HM 指数在贸易集团（trade bloc）的研究中被广泛使用。2005 年，Chen Lurong 在研究东亚地区贸易结构时，分析了东亚区域内部和世界上较大经济体的 HM 指数，得出如下结论：中国和日本是东亚地区内的两大“轮轴国”；如果中国与东盟的自由贸易协定得到充分的贯彻，则日本、韩国、澳大利亚等国家为了避免掉入“辐条陷阱”，将会不得不加入区域一体化的进程。国内运用 HM 指数进行分析的文献较少。王璠（2010）运用 HM 指数测度了中国和澳大利亚之间的相互依赖程度，认为中澳之间存在建立 FTA 的意愿，不过，由于中澳双方在贸易上存在着不对称依赖，导致双方在 FTA 谈判中难以达成一致。

本文使用 HM 指数来分析中国对东亚各国的贸易依赖程度，与引力模型得到的贸易潜力进行比较，以观察现状是否是中国最优的贸易发展策略。

三、东亚地区内部各国贸易偏好性的实证研究

（一）模型的建立

本文运用引力方程分析东亚各国之间贸易的偏好性。根据研究目的，即主要研究东亚地区内部各国贸易偏好性，将丁伯根方程中的贸易流量变为三个不同的样本：总出口量 EX_{ij}，制造产业总出口量 $MANU_{ei}$，中间产品总出口量 $INTER_{ei}$，再引入一个虚拟变量 Dummy，该变量当出口国和进口国均为东亚国家时为 1，其余时候为 0。

扩展的引力方程如下：

$$\ln EX = C_1 + C_2 \ln eGDP + C_3 \ln iGDP + C_4 \ln eGDPpc + C_5 \ln iGDPpc + C_6 \ln D_{ei} + C_7 Dummy \quad (1)$$

$$\ln MANU_{ei} = C_1 + C_2 \ln eGDP + C_3 \ln iGDP + C_4 \ln eGDPpc + C_5 \ln iGDPpc + C_6 \ln Dei + C_7 Dummy \quad (2)$$

$$\ln INTER_{ei} = C_1 + C_2 \ln eGDP + C_3 \ln iGDP + C_4 \ln eGDPpc + C_5 \ln iGDPpc + C_6 \ln Dei + C_7 Dummy \quad (3)$$

其中，e 为出口国家，i 为进口国家；关于解释变量的含义，预期符号及理论说明见表 1 所示。

表 1　解释变量含义、预期符号及理论说明

解释变量	含义	预期符号	理论说明
eGDP	美元现值计算的出口国 GDP	+	代表一国的出口供给能力，当一国经济总量越大时，出口能力越大
iGDP	美元现值计算的进口国 GDP	+	代表一国的进口需求能力，当一国经济总量越大时，进口能力越大
eGDPpc	美元现值计算的出口国人均GDP	+	代表出口国的经济发展水平，与出口量正相关
iGDPpc	美元现值计算的进口国人均GDP	+	代表进口国的经济发展水平，与进口量正相关
Dei	进出口国之间的距离（千米）	-	代表运输成本，是阻碍出口的因素
Dummy	虚拟变量，如果进出口两国均为东亚国家则取 1，否则取 0	+	东亚各国更趋向于与东亚内国家进行贸易，因而为正

（二）样本和数据

在双边贸易的实证研究中经常遇见的一个问题，就是所谓的Zero Problem，或称“零问题”，即当原始数据中出现0时，并不能确定它表示两国间没有贸易或是存在贸易却没有报告。这一问题经常发生在对小国或不发达国家的进出口的研究过程中。有些经济学家尝试用计量方法来解决这一问题。本文中将存在0问题的数据除去，选取全球共31个国家，则每个样本的样本容量为31×30=930，共3个样本。三个样本分别是这31个国家2011年的总出口值，制造业产品出口值和中间产品加工业出口值。虽然这不是一个完美的解决办法，但却涵盖了参与进出口贸易的主要国家，且由于除去的大部分是小国与不发达国家，即便包括这些国家，得出的偏好性结论只会更明显，因而不会影响我们的判断。如果将0数据包括在内反而会影响结论的准确性。

对于GDP和人均GDP的数据，本文采用了世界银行统计的美元现值计算的GDP。就两国之间距离，采用了Geodist 2011计算的两国距离，由于在距离的计算过程中加入了衡量两国是否接壤，是否使用同一种语言，是否曾经有殖民被殖民的关系的变量，因而距离的经济意义显得更加明显。各解释变量的数据来源如表2所示。

表2 数据来源

变量	来源
GDP、人均GDP	World Development Indicators, WDI
总出口额、制造业产品出口额、中间产业产品出口额	Comtrade Database, UN
两国距离	CEPII2011，Geodist
虚拟变量Dummy	作者自行计算

（三）回归结果与分析

如表3所示，样本1、样本2和样本3的原模型中lniGDPpc的t值都过低，剔除该变量重新回归，三组样本修正后模型表明所有解释变量都保持了较高的显著性，且剔除变量后各解释变量的符号与预期结果相同。

对除虚拟变量以外的解释变量取对数后的取值表明了各解释变量的弹性。由表3可以看出，出口国GDP、人均GDP增长率前的系数普遍高于进口国，说明出口国的经济状况对两国之间贸易的决定性更加明显。虚拟变量Dummy前的系数为正，表明东亚地区国家普遍倾向于互相之间进行贸易。而它们相互之间贸易的倾向性在制造业和中间产品产业上更加明显，表现为虚拟变量前的系数更大。

表 3 引力方程三个样本的回归结果

变量	样本 1（总出口）		样本 2（制造业）		样本 3（中间产品）	
	原模型	修正模型	原模型	修正模型	原模型	修正模型
lneGDP	1.014*** （31.488）	1.016*** （31.542）	1.111*** （30.296）	1.112*** （30.350）	1.079*** （28.617）	1.078*** （28.605）
lniGDP	0.825*** （26.334）	0.836*** （27.987）	0.872*** （24.427）	0.884*** （25.997）	0.858*** （23.377）	0.847*** （24.232）
lneGDPpc	0.280*** （7.425）	0.277*** （7.366）	0.449*** （10.451）	0.446*** （10.395）	0.299*** （6.781）	0.302*** （6.851）
lniGDPpc	0.044 （1.164）	- -	0.052 （1.199）	- -	-0.041 （-0.923）	- -
lnD_{ei}	-0.633*** （-13.778）	-0.642*** （-14.125）	-0.679*** （-12.988）	-0.689*** （5.957）	-0.701*** （-13.029）	-0.693*** (-13.045)
Dummy	1.586*** （7.058）	1.579*** （7.027）	1.532*** （5.990）	1.524*** （5.957）	1.634*** （6.211）	1.641*** (6.240)
F 统计量	379.899	455.428	364.627	437.051	304.619	365.434
R^2	0.718	0.717	0.709	0.709	0.671	0.671

注：括号内为 t 统计值；***表示 1%的显著性水平。制造业出口总额和中间产品出口总额由作者根据 BEC 商品分类法，利用 UN Comtrade Database 的数据计算所得。

由实证结果可知，东亚各国区域内贸易更倾向于制造业和中间产品加工行业，证明了鲍德温（Baldwin）提出的东亚各国的经济是通过区域内产品分工紧密联系在一起的。这一实证结果也说明在之后的研究中，应该更加注重制造业和中间产品加工行业对东亚区域经济一体化的影响。

四、中国与日本轮轴国地位的 HM 指数分析

下面我们进一步计算东亚地区主要国家间、东亚地区主要国家与区域外国家基于出口总额的 HM 指数，以及东亚地区主要国家与区域外国家中间产品生产行业的 HM 指数，以分析主要国家与区域内外国家贸易的依赖程度。

（一）东亚地区主要国家间的 HM 指数

本文对东亚地区主要国家 2011 年的 HM 指数进行了计算，如表 4 所示。

表 4　东亚地区主要国家 HM 指数对比方阵（基于总出口额）

国家	日本	中国	韩国	印尼	马来西亚	菲律宾	新加坡	泰国	澳大利亚	新西兰
日本		17.34%（1）	0.95%（8）	1.83%（6）	2.05%（4）	1.17%（7）	3.01%（3）	3.61%（2）	1.89%（5）	0.23%（9）
中国	6.33%（1）		0.27%（8）	1.17%（5）	1.29%（4）	0.59%（7）	1.84%(2)	1.12%（6）	1.48%（3）	0.16%（9）
韩国	5.80%（2）	22.96%（1）		1.78%（4）	1.26%（7）	1.13%（8）	4.12%（3）	1.34%（6）	1.37%（5）	0.19%（9）
印尼	15.73%（1）	9.83%（2）	9.68%（3）		5.60%（5）	1.91%（8）	8.31%（4）	2.82%（6）	2.63%（7）	0.25%（9）
马来西亚	10.06%（3）	12.38%（1）	3.52%（6）	2.71%（7）		1.48%（8）	12.22%（2）	5.04%（4）	3.61%（5）	0.45%（9）
菲律宾	15.05%（1）	11.07%（3）	12.70%（2）	0.87%（7）	2.69%（5）		1.53%（6）	3.43%（4）	0.68%（8）	0.06%（9）
新加坡	4.55%（4）	10.06%（1）	3.47%（5）	7.11%（3）	8.89%（2）	1.79%（8）		3.36%（6）	3.34%（7）	0.46%（9）
泰国	10.14%（2）	10.83%（1）	4.69%（4）	3.56%（7）	5.06%（3）	2.29%（8）	4.48%（6）		4.56%（5）	0.40%（9）
澳大利亚	17.86%（2）	24.36%（1）	12.33%（3）	1.89%（7）	1.55%（8）	0.53%（9）	2.07%（6）	2.47%（5）		2.65%（4）
新西兰	7.73%（3）	11.06%（2）	1.13%（9）	2.13%（4）	1.78%（5）	1.66%（6）	1.14%（8）	1.56%（7）	22.16%（1）	
排名总合	19	13	48	50	43	69	40	44	46	76

数据来源：UN Comtrade Database，与作者自己的计算（HS AS REPORTED 商品分类法）。

表 4 括号中的数字表示了对于一国来说其余国家的市场重要性的排名。HM 指数越大，说明被研究国对其贸易国的贸易依赖程度越高。最后将每列的排名相加得到每个国家的排名总和。不难知道，排名总和越小，该国的 HM 指数越高，表示其他国家与之签订双边 FTA 的意愿越强。由表 4 可以发现，中国和日本在东亚地区的 HM 指数最高，各国最倾向于与之签订双边 FTA，其成为轮轴国的可能性最大，因而鲍德温（Baldwin） 2003 年提出的“自行车模式”是切实存在的。

（二）东亚地区主要国家与区域外国家的 HM 指数对比

东亚地区处于轮轴国地位的国家，不仅对区域内各国的市场十分重要，在区域外市场也有较高的轮轴度。因此将东亚地区内 HM 指数较高的四个市场（中国、日本、韩国、东盟 5 国）与区域外的两个市场（美国与欧盟）做成 HM 指数对比矩阵，如表 5 所示。

表 5 区域内市场与区域外市场 HM 指数矩阵（基于总出口额）

国家	日本	中国	韩国	东盟 5 国	美国	欧盟
日本		17.34%	6.91%	11.87%	14.69%	11.12%
中国	6.33%		3.65%	6.04%	15.39%	18.55%
韩国	5.80%	22.96%		8.67%	10.45%	11.36%
印尼	15.73%	9.83%	7.73%	18.83%	9.00%	10.87%
马来西亚	10.06%	12.38%	3.72%	21.85%	9.46%	10.71%
菲律宾	15.05%	11.07%	4.33%	20.98%	14.64%	14.39%
新加坡	4.55%	10.06%	3.94%	23.97%	6.45%	9.92%
泰国	10.14%	10.83%	1.83%	15.68%	10.25%	11.15%
澳大利亚	17.86%	24.36%	8.48%	8.51%	3.97%	7.88%
新西兰	7.73%	11.07%	3.24%	9.03%	8.63%	10.94%

数据来源：UN Comtrade Database（BEC 商品分类法），与作者自己的计算。东盟 5 国：印度尼西亚、马来西亚、菲律宾、新加坡、泰国。

（三）东亚地区主要国家与区域外国家中间产品生产行业的 HM 指数对比

由前面分析已知，东亚地区国家在中间产品生产行业更倾向于进行区域内的贸易，为了更清楚地表明中间产品生产行业在东亚地区区域经济一体化进程中的作用，做如表 6 所示的基于中间产品生产行业出口额的 HM 指数对比矩阵。

表 6 区域内市场与区域外市场 HM 指数矩阵（基于中间产品生产行业出口额）

国家	日本	中国	韩国	东盟 5 国	美国	欧盟
日本		19.49%	8.62%	14.94%	11.57%	10.35%
中国	5.94%		5.11%	7.89%	10.80%	16.33%
韩国	6.68%	26.79%		10.93%	8.69%	8.08%
印尼	17.43%	8.85%	7.11%	20.39%	3.68%	9.40%
马来西亚	11.00%	13.94%	4.38%	22.55%	7.19%	10.05%
菲律宾	13.79%	7.69%	3.71%	29.03%	8.58%	1.53%
新加坡	4.08%	11.31%	4.24%	24.95%	5.48%	8.90%
泰国	9.65%	11.65%	1.81%	19.73%	6.00%	7.45%
澳大利亚	5.46%	5.68%	4.36%	13.04%	4.47%	12.32%
新西兰	11.57%	9.00%	2.45%	13.10%	10.94%	6.23%

数据来源：UN Comtrade Database（BEC 商品分类法），与作者自己的计算。

（四）HM 指数分析的结论

表 4、表 5、表 6 的数据使我们能够从贸易依存度的角度来分析整个东亚地区区域经济一体化的模式。

首先，东亚地区与北美地区、欧洲地区不同，不管是区域内还是区域外都不存在一个压倒性的市场，美国与欧盟市场在东亚地区仍然十分重要但没有显著性的优势。即使对于区域内最依赖于美国市场的日本和中国来说，它们对美国的 HM 指数也均少于 25%，比欧洲的 FTA 网络获益模式分散许多（Baldwin，2004）。美国和欧盟市场在东亚地区的重要作用也成为东亚地区形成自由贸易区的阻力，由于各国在美国和欧盟市场互相竞争，扩大市场，严格意义上的自由贸易区很难形成。

其次，虽然日本仍然是大部分东亚国家最重要的市场，中国经济过去几年的飞速成长却使得中国正逐步取而代之。尤其对于韩国来说，中国目前是韩国最大的海外市场，韩国已经将中国市场作为优于日本市场的选择。短期内，东亚地区各国的主要贸易仍然会在中间产品生产行业和制造业，而通过表 5 与表 6 的对比不难发现，当以中间产品生产行业的出口额为基础时，各国对日本市场的依存度明显减小了，而对中国市场的依存度有所增加，这也预测了中国在未来将取代日本轮轴国地位。

第三，东盟各国对于东亚区域经济一体化的作用是不容忽视的。从韩国的角度来说，东盟的市场比日本重要一些；但从日本的角度来说，东盟的市场比韩国重要许多。对于国际贸易中并不十分突出的东盟各国，它们作为一个整体与大国签订 FTA 会使它们获益更多。

第四，从整体出口水平上来说，两个太平洋沿岸国家，即澳大利亚和新西兰，对东亚的两个轮轴国日本和中国市场的依赖程度非常高。通过对表 5 和表 6 的对比，可以看出虽然在整体出口上澳大利亚和新西兰对日本与中国的依赖度高，但对于中间产品生产行业的出口这种依存度却下降了很多。其原因可能是澳大利亚和新西兰积极参与东亚地区贸易合作的动力在于农业或是服务业方面，而并不在于中间产品生产行业。

五、中国应如何应对东亚地区逐渐形成的“自行车模式”

通过对东亚地区贸易进行引力模型的回归分析和 HM 指数的对比分析，本文得出如下结论：东亚地区确实存在以日本和中国为轮轴的“自行车模式”。日本目前仍然是第一潜在轮轴国。然而，由于东亚区域内贸易对于中间产品产业的偏好性，而各国对于中间产品生产行业更依赖于中国市场，中国应抓住这一机遇，巩固自身的轮轴国地位，发挥中间产品生产的优势，以获得区域经济合作中的利益最大化。具体来说，中国应采取如下措施。

（一）将推动区域经济一体化的重点放在东亚

东亚曾经是全球区域经济一体化发展最为滞后的地区，该地区的三个大国中国、日本、韩国长期以来一直游离于区域经济一体化进程之外。中国作为东亚地区的两个轮轴国之一，其他国家与之签订 FTA 的意向十分明显，因此中国应抓住机会，积极与东亚各国签订自由贸易协定，打开在东亚各国的市场。利用轮轴国的优势，抢先与辐条国或是“轮轴-辐条”体系之外的国家互相开放市场。

另外，中国应发挥自己在中间产品生产行业的优势，利用此优势与日本开展竞争，并在此基础之上，利用吸引到的外资积极发展新兴行业与其他高新技术产业，逐步随着世界技术革命的开展转变自身的出口模式，以获得区域内和区域外的长足发展。

（二）致力于建设东亚自由贸易区

“轮轴-辐条”体系内在的利益分配的不均衡性使得东亚地区形成竞争性的“轮轴-辐条”结构，即所谓的“多米诺效应”。东亚地区由于不存在压倒性的经济体，各国都力图成为轮轴国，并无限扩张其辐条国。体系外的国家不甘在利益分割中受损，也争先恐后地加入到体系中来。这种错综复杂的局势使得每个东亚轮轴国家的预期收益难以实现，降低了东亚地区的整体收益。“多米诺效应”直接导致“看热闹效应”，就如人们挤在街道两旁观看通过的仪仗队，如果前排的人踮起脚尖，后排的人必定也踮起脚尖，这就导致了人群整体所观看的视野与没有垫脚尖的时候一样。东亚地区混乱的“意大利面碗”模式直接导致区域利益无法最大化就是这个道理。

解决这一问题的关键在于建立“东亚自由贸易区”。中国应积极发展巩固自身的轮轴国地位，将以中国为轮轴的双边协定体系扩展至东亚自由贸易区。可行的方案是在中国-东盟自由贸易区的基础上，形成中、日、韩自由贸易区，然后将这两个以中国为轮轴的自由贸易区对接，形成东亚自由贸易区。

（三）对于建设上海自由贸易区的启示

2013年8月22日商务部网站公布，国务院正式批准成立中国（上海）自由贸易试验区，范围涵盖上海市外高桥保税区、外高桥保税物流园区、洋山保税港区和上海浦东机场综合保税区等 4 个海关特殊监管区域。上海自由贸易区的建立，可以视为是区域贸易区或区域贸易协定的一种补充，是中国单方面为了发展自由贸易，强化与他国的贸易伙伴关系而做出的单方面努力。从内容上来说，自由贸易区主要是一种金融与资本体制的开放，其对于产品贸易的促进主要体现在保税区的建设上。通过建设保税区，扩大上海作为港口的功能，提升转口和物流功能，吸引大量的出口工厂和保税仓库。总体而言，上海自贸区的建设使得原先的几个保税区的运作更加规范，监管更为严密，并且能实现规模效益。

就产品贸易而言，通过以上研究可以发现，中国在制定上海自由贸易区的具体细则时，应注意到东亚国家对中国进出口贸易的重要性，看到中国在东亚地区贸易中的优势，大力开展中间产品贸易。同时，又要在发挥自身优势的同时，在这个更为自由的平台上观察国际贸易形势，创造和巩固自身的轮轴优势，以推动长久的经济发展与贸易繁荣。

综上所述，在东亚区域经济合作中，中国应以我为主，积极面对区内日本、韩国等贸易大国的竞争，打破以其他国家为轮轴的“轮轴-辐条”体系，发展和巩固自身的轮轴国地位，在中国为轮轴的双边协定体系基础上努力推动东亚自由贸易区的建立。在建设上海自由贸易区的过程中，中国也要特别重视东亚地区的经济与贸易地位，在制定具体细则时能够兼顾整个东亚地区的贸易形势，以发挥区域整合带动作用。

参考文献

东艳，2006：区域经济一体化新模式，《财经研究》第32期。

姜书竹、张旭昆，2003：东盟贸易效应的引力模型，《数量经济技术经济研究》第 10 期。

林玲、王炎，2004：贸易引力模型对中国双边贸易的实证检验和政策含义，《世界经济研究》第 7 期。

王璠，2010：中澳 FTA 谈判进展问题分析——基于双方贸易总量和结构的解释，《世界经济与政治论坛》第 6 期。

Baldwin, R. E., 2009, The Spoke Trap: Hub and Spoke Bilateralism in East Asia, *NCCR Trade Working Paper,* 28.

Baldwin, R. E. and C. W. Yplosz, 2003, *The Economics of European Integration,* McGraw-Hill, London.

Kowalczyk, C. and R. Wonnacott, 1992, Hubs and Spokes, and Free Trade in the Americas, *NBER Working Paper,* No. 4198.

An Empirical Study on the Newly-emerging "Bicycle System" in East-Asia and China's Reaction

Ma Yeqing Yang Zhenyan

Abstract: With the rapid development of regionalism, the amount of bilateral trade agreements (FTAs) has been rising remarkably, and the network of FTAs around the world is becoming more and more complicated. A new regionalism system called "The Hub-and-spoke System" first appeared in North America and provided the world with a new way of approaching regionalism. In 2003, Badwin named the special "H&S System" in East Asia "The Bicycle System", with Japan and China as the hub country. This paper used the extended format of gravity formula and HM index to do an empirical study on Japan and China's hub-ness in East-Asia. It also gave some clue about how China could deal with the newly-emerging system in East Asia. Especially in China today, when we are devoted to the construction of Shanghai Free Trade Zone, it is quite realistic for China to become a hub country and to expand international trade through a more free and win-win solution.

Keywords: FTA, "bicycle system", East-Asia regionalism, HM index

“粘性知识”对中国省级经济增长的影响
——基于空间计量模型的分析

肖光恩 陆诗婧[①]

摘　要： 长期以来，国内外许多研究者多从投资、贸易、人力资本、基础设施和生产要素禀赋等角度，对中国省级经济非均衡增长进行研究。这些研究忽略了区位因素对中国省级经济增长的相互影响，同时也忽略了“粘性知识”对中国省级经济增长的重要作用。因此，本文从中国省级空间互动的地理视角，把“粘性知识”作为经济增长的另一个关键影响因素，用空间计量模型来分析中国省级经济增长的差异。本文研究结果强调应重视“粘性知识”的重要作用，也丰富了中国省级经济差异的研究，为调整中国经济增长和区域发展政策提供了理论基础。

关键词： 粘性知识、经济增长、主成分分析、空间计量模型

中图分类号： F274

① 肖光恩，武汉大学经济与管理学院；陆诗婧，中国建设银行青海省分行总审计室 。本文是国家社会科学基金项目“基于粘性知识的我国对外直接投资地区集中研究”（项目号：07BJL044）的部分最终成果。

一、引 言

人类社会经济发展模式不断发展变化。当中国还处于“康乾盛世”，英国的瓦特对蒸汽机进行了改造，使得劳动力逐步退出大规模的工业生产，机械化的工业导致了西方国家的经济崛起；此后，发电机的发明与应用，使电力日益成为新的经济发展动力，西方国家也最早进入“电气时代”；20 世纪 40 年代出现的信息革命，特别是通信技术与网络技术的应用，使“知识要素”成为继自然资源、劳动力、资本等之后的、经济发展不可缺少的重要资源。社会经济发展模式也逐渐从“工业经济”时代进入到“知识经济”时代。

经济合作与发展组织（OECD）在 1996 年对“知识经济”进行了界定，指出：“知识经济为建立在知识和信息的生产、分配和使用基础上的经济。”（杨宏进和薛澜，1997）。1988 年 9 月，邓小平同志提出了“科学技术是第一生产力”的论断，这充分说明了知识要素已经成为了经济发展的重要战略资源。然而，要实现“知识要素”对经济增长与发展的巨大作用，就必须推动知识的全面共享和高效传播。但是，根据知识传播的地理范围和知识学习的路径依赖，并不是所有的知识都能在全球范围共享和使用，特别是那些具有实验性、创新性和独占性的高科技知识通常都局限于一定的范围内，高科技知识传播的当地化和共享路径的依赖就是“知识粘性”（亦称知识的当地化），而这一类传播转移存在一定困难的知识则也被称之为“粘性知识”（sticky knowledge）或“当地化的知识”（localized knowledge）。“粘性知识”不仅会影响经济增长的速度和质量，而且也会影响经济增长的地理空间分布，使经济增长呈现出区域特征或空间差异。因此，研究“粘性知识”对中国经济增长尤其是中国省级经济增长差异的影响具有重要的理论与现实意义。

二、文献综述

（一）知识粘性

“知识粘性”的研究主要起源于新经济增长理论。1962年阿罗（K. Arrow）在《从干中学的经济含义》一文中首先提出：技术进步应作为内生变量来说明经济增长的动力；同时，他还强调了知识积累过程及其对经济增长的作用机制（赵勇和白永秀，2009）。他认为，人们不断地从社会经济活动中积累经验，再把这些经验总结为系统知识，此后利用所获得的系统知识来改进技术并推动技术进步。由此，“知识产品”的概念被引入到经济理论研究中。

尽管随后的新经济增长理论认为“知识产品”具有非竞争性和非排他性的特征，即具有溢出性（spillover），但却并没有深入地对知识外溢的特性进行研究，也没有充分地认识到知识信息并非是完全自由流动的特征（实际上，一些知识的传播与共享也会受到各种因素的限制）。花海培宇（Von Hippel）（1994）认为，“当信息的获得、转移和使用需要成本的时候，我们就称这个信息很粘。”这类“粘性信息”（sticky information）的存在，即知识信息转移的成本会影响知识的溢出效应。苏兰斯基（Szulanski），（2002）研究了公司组织内部知识转移的难度，他认为知识转移过程分为四阶段，即起始、形成、加速和整合；而四个阶段中的知识粘性不可一概而论，其具有不同特征和影响因素。西蒙尼（Simonin）（1999）则研究了战略联盟间知识模糊（knowledge ambiguity）的重要影响，他认为，以前的经验、资产专用度、知识的复杂度、文化和组织距离、合作伙伴的保护度等因素会导致知识粘性的存在。康明斯（Cummings）（2004）发现伙伴间的关系、知识水平不同、转移活动本身等因素都会影响知识转移成功与否。瑞干斯（Reagans），（2003）在研究组织内部的知识转移时发现如果加强凝聚力、拓展关系网络，则会更好地克服内部知识粘性，并促进知识转移。祁红梅和陈亮（2003）认为企业永续发展所需的核心能力最终来源于知识，而核心能力的粘性也源于知识粘性。范忠红（2011）等人则研究了技术转移过程中的知识粘性。

由此可知，知识粘性就是知识所具有的一种特殊属性，它描述了知识的转移和传播的困难。即知识转移过程中的困难越大，知识就越容易停滞在一定范围内，其粘性也就越大；反之则反是。但以上这些研究并没有对“粘性知识”寻找出合适的测度方法，也没有用定量的方法对粘性知识进行研究。

（二）“粘性知识”对经济增长的影响

“粘性知识”的经济功能本身就源自于知识的粘性。罗墨（Romer）（1986）早就说明了知识的外部性能够通过技术的改变而推动经济增长，粘性知识作为知识的重要部分，其对经济的外部性已经毋庸置疑。日本学者野中几次郎（1999）在《创造知识的公司》一文中，对于粘性知识中隐性部分对于企业的基础和创新作用进行了说明。连玮佳和李建（2009）认为随着当今社会信息通讯技术的高度发展，非粘性的溢出对于距离的要求逐渐在下降，而粘性知识的转移仍然受到很多限制，因此企业在追求快速发展的时候不得不以集聚的方式来获得粘性知识，尤其是创意产业。姜凌和李晏墅（2011）认为粘性知识是地理集聚的重要动因之一。李燕和韩伯棠（2010）认为隐性知识和各国的经济增长具有双向因果效应，且存在着长期协整关系。

总之，现有对粘性知识经济功能的研究，主要停留在定性分析上；研究的角度也大多是从知识管理方面入手，对于粘性知识具体经济功能的验证相对稀少。

（三）中国经济增长差异

沈坤荣和马俊（2002）认为我国经济增长差异呈现明显的“俱乐部现象”，东中西部增长显著不同。而其原因是由于人力资本、市场开放度等结构特征导致的。朱美光和韩伯棠（2005）发现空间知识溢出对中国区域经济增长有巨大作用。朱春奎（2004）发现了科技支出是经济长期增长的影响因素。陈继勇和盛杨怿（2008）分析了我国R&D投入、FDI的知识溢出对于中国当地经济、科技水平的作用。

总之，虽然目前有大量的文献研究了中国经济增长的影响因素，但对于“粘性知识”和中国省级经济增长之间的关系研究甚少。

本文从“粘性知识”这一视角入手，首先对“粘性知识”的重要特征进行分析，随后运用主成分分析对中国省级“粘性知识”进行测度，并重点从空间互动的角度来分析其对中国省级经济增长的影响作用。本文的研究贡献主要体现在以下几个方面：一是对“粘性知识”的特征进行了进一步的发掘，提炼出了当地化的重要经济功能。二是对“粘性知识”进行了测度，重点突出了知识粘性的关键特征，这一思路与测度方法为未来对“知识经济”的研究拓展了新的方向；三是从中国省级空间互动的角度分析了“粘性知识”的重要作用及其对中国经济增长空间差异的影响，为我国制定经济增长和区域经济发展政策提供了理论基础。

三、“粘性知识”及其测度

（一）“粘性知识”及其特征

知识分类有很多种方法。一是根据可表述的程度，可以将知识分为显性知识和隐性知识。显性知识指的是可直接表述、可被编码的知识；隐性知识指的是无法用具体的形式表述的知识。二是根据可转移程度的不同，可以将知识分为非粘性知识和粘性知识。非粘性知识指易于转移和应用的知识，而粘性知识则因某种形式的成本导致其在传播、获取和应用中存在困难，具有粘性。

一般认为，由于隐性知识本身编码的困难造成的天生粘性，所以隐性知识通常就是粘性知识。同时，还有一部分显性知识虽然可以编码或直接描述，但有时因其传播或应用成本很大，也会具有粘性。例如高新技术专利等。但总的说来，“粘性知识”具有以下两个重要特征。

1. “粘性知识”的转移是有界的。由于“粘性知识”转移过程中成本的存在，两地间的相对距离越远，或者转移者和接受者间的智慧距离、心理距离、文化距离越大的，转移中的资本和时间的投入就越大，知识转移成本则越高。当这一成本高过“粘性知识”转移带来的正效应后，转移者和接受者就放弃知识转移或传播，知识转移过程由此中断，从而使得知识转移呈现出地理边界。

2. “粘性知识”的传播具有路径依赖性。“粘性知识”难以分离，对于其载体有很强的依附性，而知识的传播是通过载体的移动、交流来进行的，其中通过“干中学”、“活动中学”、“网络中学”是其主要的获得方式。因此隐性知识的转移就随着载体及其流动路径进行转移，从而对转移路径产生依赖。

（二）“粘性知识”的测度

在现有的研究中，大多数都利用R&D投入资本、发表论文数量或专利总数等单变量对知识或知识生产进行度量，目前还没有办法直接对“粘性知识”进行测度。本文则利用主成分分析的方法将所有与“粘性知识”相关的指标进行降维，从而对“粘性知识”本身进行测度。

表 1 “粘性知识”的测度指标体系

一级指标	二级指标	三级指标	四级指标
显性粘性知识	专利	专利	各地区高等学校专利有效数量
			各地区研究与开发机构专利有效数量
			各地区高技术产业专利有效数量
			各分地区专利授权数量
	文字	藏书	各地区高等学校出版科技著作数量
			各地区研究与开发机构出版著作数量
		论文	各地区高等学校发表科技论文数量
			各地区研究与开发机构发表科技论文数量
隐性粘性知识	科研投入	人力投入	各地区研究与开发机构 R&D 人员从业人员数量
			各地区高等学校 R&D 人员全时当量
			各地区高技术产业 R&D 人员数量
			各地区高技术产业从业年均人数
			科研综合技术服务业从业人员数
		资金投入	各地区研究与开发机构 R&D 经费内部支出
			各地区研究与开发机构 R&D 经费外部支出
			科学支出
	教育投入	人力投入	高等学校专任教师数
			高等学校在校学生数
			教育从业人员数
		资金投入	教育支出
		基础设施投入	高等学校学校数
	传播距离投入	地理距离	年末实有城市道路面积
		网络距离	本地电话用户数量
			国际互联网用户总数
	技术吸收	技术吸收	各地区的国外技术引进合同数
			各地区技术市场成交合同数
			各地区高技术产品进口贸易额

数据来源：计算使用的数据一部分来自于 2012 年《中国城市统计年鉴》291 个地级市的统计数据，另一部分数据则来自于《科技统计年鉴》的省级数据。

1. “粘性知识”的测度指标及数据来源

本文对“粘性知识”的测度指标体系共分为四层（如表 1）。主要从高等学校、研究与开发机构、高技术产业三方面入手。由于这三类单位所创造的知识多为新的知识，需要一定的智力水平进行消化，因此符合粘性知识的标准。除此之外，还考虑了其他相关因素。指标体系中一级指标为显性粘性知识和隐性粘性知识。其中显性粘性知识由于可以编码并具体呈现，则在这里选择专利和著作两部分。隐性粘性知识则主要通过知识生产所需的高级人力资源的投入、资金的投入以及转移和吸收过程来衡量，从而构建出系统和完整的指标体系。然而由于数据的完整程度不统一，无法进行连续的计算，本文最终只选取了其中 10 个指标进行了主成分分析。这 10 个指标主要代表了粘性知识中隐性知识的部分，他们分别为科技综合技术服务业从业人员数、科学支出、高等学校专任教师数、高等学校在校学生人数、教育从业人员数、教育支出、高等学校学校数、年末实有城市道路面积、本地电话用户数量和国际互联网用户总数。由此对粘性知识进行测度。

2. 中国省级“粘性知识”的测度

为了检验各个变量是否适用于主成分分析，本文首先计算了各个变量的相关系数矩阵。通过相关系数矩阵发现，所选取的各个指标之间相关程度较高，具有多重共线性。而主成分分析正是通过降维的方法来减少变量之间的多重共线，同时又较为完整地保留原有变量的解释能力。所以主成分分析适用于本文“粘性知识”水平的测度。

本文对 10 个变量应用了相关系数矩阵和协方差矩阵两种方式进行主成分分析，得到地级市层面的粘性知识水平。其结果如表 2 所示。

表 2　主成分分析方差解释情况

因子	特征值		差异		方差贡献率		累积方差贡献率	
	相关系数矩阵	协方差矩阵	相关系数矩阵	协方差矩阵	相关系数矩阵	协方差矩阵	相关系数矩阵	协方差矩阵
Comp1	7.7409	8.7585	7.0246	8.0107	0.7741	0.7933	0.7741	0.7933
Comp2	0.7163	0.7478	0.2435	0.2927	0.0716	0.0677	0.8457	0.8610
Comp3	0.4728	0.4552	0.1807	0.1758	0.0473	0.0412	0.8930	0.9023
Comp4	0.2921	0.2794	0.0571	0.0025	0.0292	0.0253	0.9222	0.9275
Comp5	0.2349	0.2768	0.0245	0.0459	0.0235	0.0251	0.9457	0.9526
Comp6	0.2104	0.2310	0.0470	0.1002	0.0210	0.0209	0.9667	0.9735
Comp7	0.1635	0.1307	0.0737	0.0362	0.0163	0.0118	0.9830	0.9853
Comp8	0.0898	0.0945	0.0270	0.0554	0.0090	0.0086	0.9920	0.9939
Comp9	0.0627	0.0391	0.0462	0.0117	0.0063	0.0035	0.9983	0.9974
Comp10	0.0166	0.0274	—	—	0.0017	0.0025	1.0000	1.0000

可以看出，无论是用相关系数矩阵，还是用协方差矩阵所得到的结果，

第一主成分的特征值都大于 1，而其方差贡献率分别为 77.41%和 79.33%。其余主成分特征值小于 1，且其对于方差的贡献率相对第一主成分较小。因此本文只选择第一主成分。

进一步对两种方法进行比较。可以看出利用相关系数矩阵所得的主成分解释程度小于利用协方差矩阵所得结果，也就是说以协方差矩阵为基础获得的主成分解释程度更好。由此，本文在进一步的研究中选择以协方差矩阵获得的第一主成分，进一步计算出各个地级市的粘性知识得分。

表 3 表示的是两种方法所得的因子荷载矩阵。按照上文所述，可选择第二列以协方差矩阵所得的结果计算得分函数，函数形式如下所示：

$$
\begin{aligned}
F = {} & 0.3439lscience\_labor + 0.3474lscience\_inv + 0.4172lteacher \\
& \_col + 0.4238lstudent\_col + 0.2011lteach\_labor + 0.2105lteach \\
& \_inv + 0.3403lschools\_col + 0.2674lroad + 0.2810linternet \\
& +0.2374ltelephone
\end{aligned}
$$

表 3　因子荷载矩阵

变量	Comp1	
	相关系数矩阵	协方差矩阵
lscience_labor	0.3202	0.3439
lscience_inv	0.3062	0.3474
lteacher_col	0.3338	0.4172
lstudent_col	0.3306	0.4238
lteach_labor	0.3085	0.2011
lteach_inv	0.2934	0.2105
lschools_col	0.3205	0.3403
lroad	0.3057	0.2674
linternet	0.3050	0.2810
ltelephone	0.3355	0.2374

由此得到 291 个城市的得分情况。对其排序发现，排在前十位的分别是上海市、北京市、深圳市、天津市、苏州市、杭州市、大连市、株洲市、宁波市、重庆市；排在后十位的分别为西宁市、铜川市、钦州市、防城港市、

陇南市、石嘴山市、七台河市、晋城市、金昌市、嘉峪关市。从地区分布上，明显可以看出直辖市以及东部地区的城市得分普遍很高，中西部则略低。同时西部或偏远地区排名最后，粘性知识少。

在所得的地市级知识得分基础上根据每个省的地市级城市数量对得分进行加权平均，其中由于西藏藏族自治区的数据缺失较多，我们以所有地市级数据得分的最低值10进行替代。而后，同省级其他变量进行合并，从而得到我国31个省的粘性知识的平均得分。

得分前五的省份是北京（30.822）、上海（29.550）、重庆（29.011）、天津（28.355）、江苏（23.325）；除去西藏外得分最低的四个省份分别为黑龙江（19.560）、云南（18.287）、宁夏（17.712）、甘肃（17.478）；31省的均值为21.372，方差为14.812，各省间粘性知识得分变动较大。进一步的，我们将国内各省分为东部、中部、西部三个部分。其中东部包括10省（市）：北京、天津、河北、上海、江苏、浙江、福建、山东、广东和海南；中部包括6省：山西、安徽、江西、河南、湖北和湖南；西部包括12省（区、市）：内蒙古、广西、重庆、四川、贵州、云南、西藏、陕西、甘肃、青海、宁夏和新疆；东北3省，包括辽宁、吉林和黑龙江。同时为了保证样本数量，本文将东北三省中黑龙江和吉林划入中部，辽宁划入东部。图1为各分部得分加总后的平均数。可以看出，东、中、西三个地区呈现明显的阶梯型。东、中部的差距较小，西部被远远的甩在后面。

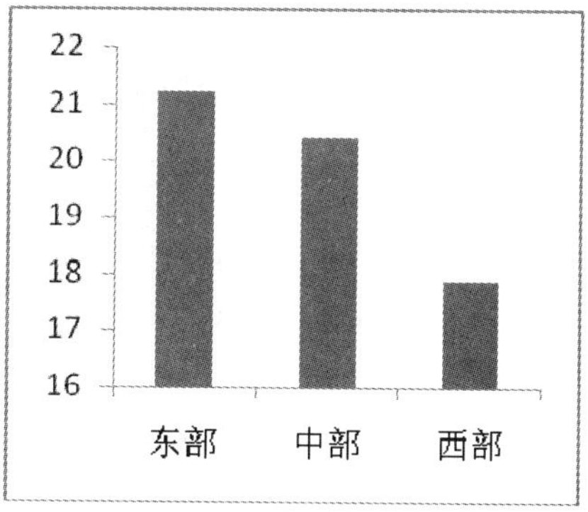

图1　中国东中西“粘性知识”平均得分

总之，通过以上分析发现，中国的“粘性知识”的分布呈现出非均衡的状态。无论是从地级市级别，还是从各省级别的水平上，我们都可以看出，东部的各个省市所具有的粘性知识最多，其次是中部，最后是西部。

四、粘性知识对中国省级经济增长差异影响的实证分析

（一）中国省级经济增长的空间相关性检验

为了描述中国省级（直辖市）经济增长在地理空间依赖的特征，本文构建中国省域间的地理空间权重矩阵，即依据邻近标准进行构造。如果两个省（直辖市）在地理空间上相邻，则权重矩阵元素为1，否则为0；同时，利用空间相关指数来检验中国省级经济增长是否有空间上的互动性，即用空间相关指数来检验2011年中国省域经济增长在地理上的互动性，其结果分别如表4（全局空间相关指数）和表5（局部空间相关指数）所示。

在表4全局空间相关指数中，莫兰指数I的绝对值均大于当年莫兰指数的期望值E(I)，这充分说明经济增长在中国省域的地理空间上具有正的自相关关系，即一个省域中的经济增长与其相邻省域的经济增长在数值上是相似的。同时，P值小于5%的显著水平说明地区生产总值在空间地理上的正向依赖关系是存在的，莫兰指数I的值是十分可信。另外，吉尔里指数和Go指数同样说明了经济增长在中国各省域的地理空间上具有正的自相关特征。

表4　2011年国内产总值全局空间相关指数

	I	E(I)	sd(I)	z	p-value
Moran's I	0.302	-0.033	0.105	3.209	0.001
Geary's c	0.538	1	0.177	-2.608	0.005
Go	0.151	0.148	0.001	1.702	0.044

由表5局部空间相关莫兰指数可知：大部分省市的局部莫兰指数都为正，说明中国大部分省域的经济增长都同周边省份的经济增长情况相似，即呈现出空间集聚性质。而少部分省份，如山西、广东、海南、四川、贵州和宁夏等地的局部莫兰指数为负，说明了这些省份的经济增长情况同周围的地区不相似，即在经济增长时同周边的省份有竞争关系。其中河北、江苏、山东、海南、四川、云南、青海、新疆等地的p值在10%的显著性水平下显著，其他各个省市的显著性不强。但是我们还是可以从表5中了窥探出各地区经济

增长的空间分布。

表5　2011年地区生产总值局部莫兰指数

位　置	Ii	E(Ii)	sd(Ii)	z	p-value
北京市	0.427	-0.067	1.306	0.378	0.353
天津市	0.185	-0.067	1.306	0.193	0.424
河北省	3.006	-0.233	2.248	1.441	0.075
山西省	-0.079	-0.133	1.789	0.030	0.488
内蒙古	0.273	-0.267	2.359	0.229	0.410
辽宁省	1.144	-0.100	1.575	0.790	0.215
吉林省	0.194	-0.100	1.575	0.186	0.426
黑龙江省	0.195	-0.067	1.306	0.201	0.420
上海市	1.046	-0.067	1.306	0.852	0.197
江苏省	2.734	-0.133	1.789	1.603	0.054
浙江省	2.169	-0.167	1.968	1.187	0.118
安徽省	1.576	-0.200	2.119	0.838	0.201
福建省	1.158	-0.100	1.575	0.799	0.212
江西省	0.662	-0.200	2.119	0.407	0.342
山东省	3.276	-0.133	1.789	1.905	0.028
河南省	1.962	-0.200	2.119	1.020	0.154
湖北省	0.943	-0.200	2.119	0.540	0.295
湖南省	0.531	-0.200	2.119	0.345	0.365
广东省	-1.165	-0.167	1.968	-0.507	0.306
广西	0.003	-0.133	1.789	0.076	0.470
海南省	-2.646	-0.033	0.937	-2.787	0.003
重庆市	0.039	-0.167	1.968	0.105	0.458
四川省	-4.130	-0.233	2.248	-1.734	0.041
贵州省	-0.209	-0.167	1.968	-0.022	0.491
云南省	2.696	-0.133	1.789	1.582	0.057
西藏	10.730	-0.133	1.789	6.072	0.000
陕西省	0.117	-0.267	2.359	0.163	0.435
甘肃省	0.954	-0.200	2.119	0.545	0.293
青海省	8.297	-0.133	1.789	4.711	0.000
宁夏	-0.574	-0.100	1.575	-0.301	0.382
新疆	6.172	-0.100	1.575	3.983	0.000

（二）“粘性知识”对中国省级经济增长差异的影响

1. 空间计量模型的设定

经过以上检验可知，中国省级经济增长不仅存在相互影响，而且对“粘性知识”存在一定的相关性。为此，本文在传统的道格拉斯生产函数的基础上进行扩展，加入“粘性知识”要素，从而设定以下模型：

空间滞后模型：

$$\lg np\_s = \alpha + \rho \sum_k w \lg np\_s + \beta_1 linv\_s + \beta_2 llab\_s + \beta_3 mean\_score + \varepsilon_{it}$$

空间误差模型：

$$\lg np\_s = \alpha + \rho \sum_k w\mu + \beta_1 linv\_s + \beta_2 labs\_s + \beta_3 mean\_score + \varepsilon_{it}$$

空间杜宾模型：

$$\lg np\_s = \alpha + \beta_1 mean\_score + \rho \sum_k wmean\_score + \beta_2 l\,gnp\_s + \beta_3 linv\_s + \beta_4 llab\_s + \varepsilon_{it}$$

其中 $\lg np\_s$ 为中国省市的国内生产总值的对数，$linv\_s$ 为中国省市固定资产投资总额的对数，$labs\_s$ 为中国省市从业人员总数的对数，$mean\_score$ 为“粘性知识”的平均得分。

2\. 空间计量模型估计结果

空间计量模型估计结果见表 6。

表 6　空间计量模型估计结果

	模型一 回归模型	模型二 空间滞后模型	模型三 空间误差模型	模型四 空间杜宾模型
linv_s	0.4070** （3.08）	0.6479*** （5.85）	0.5912*** （5.29）	0.5030** （2.61）
llab_s	0.6732*** （4.45）	0.4802*** （3.65）	0.5355*** （3.88）	0.6657*** （3.27）
mean_score	0.0057 (0.35)	0.0351** (2.50)	0.0326* (2.00)	0.0378** (2.44)
_cons	7.1196** (4.05)	5.5659*** (3.73)	4.0454** (2.80)	4.7129* (1.87)
w*mean_score	- -	- -	- -	-0.0287*** (-17.09)
w*linv_s	-	-0.1219** (-1.81)		-
w*error	-		0.2252 (0.74)	-
Adj-R^2	0.939	0.954	0.949	0.965

注：*表示 p<0.1，**表示 p<0.05，***表示 p<0.01。（ ）中表示 t 值。

在表6的估计结果中， w*mean_score 表示空间加权后的“粘性知识”得分变量，w*lin_s 和 w*error 在模型二和模型三中分别表示对中国省市国内生产总值进行空间加权以及对误差项进行空间加权的结果。通过以上的实证分析结果，可以得到以下结论。

首先，投资和劳动力对省级经济增长具有明显的促进作用。从表 6 中我们可以看到，四个模型中 *linv_s* , *labs_s* 的系数都为正，且都在 1%的水平下显著，即表示投资和劳动力对于各省的地区生产总值都有促进作用。

其次，若考虑省域的空间互动效应，则“粘性知识”对于本省的经济增长具有正向的促进作用，因为模型二、三、四中变量 mean_score 的系数估计结果均为正,且在模型二、三和四中“粘性知识”的系数估计结果分别为 0.0351，0.0326 和 0.0378，但若不考虑省域的空间互动效应，则“粘性知识”变量系数的估计结果不显著（模型一），即“粘性知识”对经济增长的正向效应可以忽略。

第三，“粘性知识”使得邻近省域之间经济增长存在竞争关系，它加剧了省级经济增长之间的差异。在模型四的空间杜宾模型中，设定的 w*mean_score 表示空间加权后的“粘性知识”得分变量，其衡量的是一个省的粘性知识对于邻近省份经济增长的影响，其系数估计的结果为-0.029，且在 1%的显著性水平上显著。由此可得，“粘性知识”对于其周边省份的经济增长具有负作用，即本省的“粘性知识”增加，会使得周边邻近省份国内生产总值减少，即本省“粘性知识”的增加，会促进邻近省份在经济增长上的负向竞争。

第四，本省的经济增长同邻近省份的经济增长有竞争关系。模型二的 w*linv_s 的变量表示对国内生产总值的空间加权变量,它能够说明本省经济增长对于邻近省份经济增长的作用。变量估计结果为-0.122，且在 1%的显著性水平下显著。也就是说本省地区生产总值增加，会导致其邻近的省份国内生产总值的下降，即本省的经济增长与邻近省份间存在负向的竞争关系。

此外，通过对四个模型进行对比，我们可以发现空间计量模型在分析经济增长问题时更合理。

首先，空间计量模型的拟合程度要高于传统的回归模型。从模型比较中可知，模型二、三和四调整后的 R^2 值分别为 0.954、0.949 和 0.965，都高于简单回归模型（模型一）的 R^2 值。由此可见空间计量模型的拟合程度更好。

其次，空间计量模型考虑了传统模型中忽视的空间分布对经济增长产生的作用。根据结果，我们发现，模型一中衡量“粘性知识”水平的变量 mean_score 并不显著，但在模型二、三和四中，衡量“粘性知识”水平的变量 mean_score 都显著。这表示空间计量模型考虑了空间区位互动因素对经济增长的作用，而传统计量模型却由于忽视了这一重要作用而可能在估计结果上有偏差。这也恰恰证明了中国省级经济增长与“粘性知识”的关系与空间互动之间的重要关系，即反映出邻近省、直辖市和自治区之间地区经济增长具有显著的空间相关效应。

六、政策建议

（一）加大“粘性知识”产出潜力

由于“粘性知识”对中国省级经济增长差异有明显的作用。不论是从全国的角度，还是从东、中、西三地区的角度，都应该加强人才建设。因为人才是“粘性知识”生产可持续的最根本、最大的来源。因此应加大教育投资力度、普及基础教育，提高教育水平，兼顾基础教育和高等教育，保持教育的连续性，以保证“粘性知识”产出所需的智力水平的充足。还应加强基础设施建设。只有拥有了良好的校舍、通信基础、科研设备等，才能保证在拥有人才的基础上保证人才提供“粘性知识”产出的基本条件。由此，从来源和基本条件两方面下手，通过双管齐下，共同促进，以保障“粘性知识”持续产出的能力。

（二）鼓励“粘性知识”创新

中国目前经济正处于转型阶段，传统经济缺乏创新，而由于劳动力成本不断上升，传统加工行业也受到冲击。因此，以创新为主的经济才是未来发展的长期动力，而加强创新则必然需要提高“粘性知识”的产出。为此，我国应进一步制定针对高科技产业、研究开发等方面的优惠政策。不仅从基本上满足“粘性知识”的创新，还要进一步通过政策引导正确的市场投资。将市场的力量同国家的支持相互结合起来，共同促进科技的创新、知识的创新。这样形成一种长期的、自动的市场机制，从而为经济发展装上创新这一新型引擎，以促进经济转型，为我国未来经济发展提供持久的动力。

（三）加强知识产权保护

“粘性知识”的共享有着天然的困难，但是目前市场中对于创新知识的滥用同样导致了新知识生产及其共享的疲软。在知识产权缺少保护的情况下，会打击知识生产者的积极性，从长期来看也会妨碍“粘性知识”的产出和共享。因此，加强知识产权保护是亟待解决的问题。虽然一直以来，这个问题常常被提出，但是执行力度却没有得到保证。因此政府应建立健全知识产权保护的机制，完善法律体系，加强知识产权保护，并且保证知识产权保护法律法规的执行与贯彻力度，达到真正保护知识产权的目的。由此保证知识及“粘性知识”创造者的积极性。

（四）构建良好互信的知识转移平台和渠道

“粘性知识”的转移方式有限，尤其是隐性知识部分必须通过面对面、近距离的交流和沟通才能够实现转移和共享。因此建立良好互信的知识转移平台和渠道能够更好地促进“粘性知识”的转移。在国家层面，完善专利授权、转移市场；在企业方面，建立完整的培训计划，加强相互间的交流合作；同时，鼓励建立互联网上课程交流平台和创新知识转移电子商务等，通过互联网缩短交流距离。由此从个人、企业到整个社会，建成互信、良好的知识转移平台和渠道，为“粘性知识”的创造和流通创造出良性的环境。由此保证“粘性知识”的产出，同时从长期上减少“粘性知识”转移的困难。

（五）积极吸收周边省市的“粘性知识”

由于中国各个省市间历史原因和自身条件的限制，“粘性知识”总量存在差别，也由此导致各省市之间经济发展不平衡。因此，各个省市之间应加强交流，鼓励“粘性知识”的引进和共享。通过有差异的政策调整，积极吸收周边“粘性知识”。与此同时提高本省的吸收和转化能力。由此，通过“粘性知识”对于本地和邻近省市的溢出经济效应，达到省市经济发展的共赢。

参考文献

陈继勇、盛杨怿，2008：外商直接投资的知识溢出与中国区域经济增长，《经济研究》第12期。

杜月异，2004：隐性知识在市场经济中的作用，《深圳大学学报（人文社会科学版）》第21期。

高志刚，2003：基于主成份分析的区域产业结构转换能力评价——以新疆为例，《生产力研究》第1期。

范忠宏，2011：技术转移过程中的知识粘性分析，《决策与信息》第 11 期。

范九利、白暴力，2004：基础设施投资与中国经济增长的地区差异研究，《人文地理》第 19 期。

冯帆、廖飞，2008：知识的属性、粘度与知识转移，《科技进步与对策》第 8 期。

冯根福、吴林江，2000：我国上市公司资本结构形成的影响因素分析，《经济学家》第 5 期。

贺卫、王浣尘，2001：知识经济中知识的测度问题初探，《软科学》第 3 期。

经济合作与发展组织著，杨宏进、薛澜译，1997：《以知识为基础的经济》，北京：机械工业出版社。

李燕、韩伯棠，2010：弱隐性知识溢出对经济增长的贡献分析——基于 CNKI 和 ISI 的论文合作数据，《科学学研究》第 28 期。

连玮佳、李健，2009：隐性知识传递对于我国创意产业集聚的影响，《科学学与科学技术管理》第 8 期。

梁琦，2004：《产业聚集论》，北京：商务印书馆。

梁琦，2009：《分工、集聚与增长》，北京：商务印书馆。

罗仁福、李小建、覃成林，2002：中国省际经济趋同的定量分析，《地理科学进展》第 21 期。

姜凌、李晏墅，2011：地理集聚对企业集群发展的制约性研究——基于知识转移的观点，《河南社会科学》第 19 期。

姜毓锋，2011：技术转移过程中的知识粘性研究，《情报科学》第 29 期。

尼夫、邸东辉、范建军，1999：《知识对经济的影响力：The Economic Lmpact of Knowledge》，北京：新华出版社。

祁红梅、陈亮，2003：基于知识的核心粘性成因及对策分析，《河北经贸大学学报》第 4 期。

沈坤荣、马俊，2002：中国经济增长的“俱乐部收敛”特征及其成因研究，《经济研究》第 1 期。

王立平、王健，2010：中国产业结构变迁对区域经济增长影响分析——基于空间动态面板数据模型，《统计与信息论坛》第 25 期。

闫俊周，2012：分布式创新的知识粘性形成机理及削弱对策研究，《科技进步与对策》第 23 期。

杨大楷、孙敏，2009：我国公共投资经济增长效应的实证研究，《山西财经大学学报》第 8 期。

郁培丽、范忠宏，2007：集成创新过程中的知识粘性表现及对策分析，《研究与发展管理》第4期。

赵勇、白永秀，2009：知识溢出：一个文献综述，《经济研究》第1期。

周贺来，2008：知识粘性的成因分析与治理措施探究，《情报理论与实践》第4期。

朱美光、韩伯棠，2005：空间知识溢出与中国区域经济增长的研究框架，《科技进步与对策》第 10期。

Audretsch, D. B., et al, 2004, Knowledge Spillovers and the Geography of Innovation, *Handbook of Regional and Urban Economics*, 4, 2713-2739.

Acs, Z. J., D. B. Audretsch, et al, 1994, R & D Spillovers and Recipient Firm Size, *The Review of Economics and Statistics*, 76(2), 336-340.

Bernard, A. B. and S. N. Durlauf, 1995, Convergence in International Output, *Journal of Applied Econometrics,* 10(2), 97-108.

Carl, D. A., 2001, *Thomas, Korea and the Knowledge-based Economy Making the Transition: Making the Transition,* OECD Publishing.

Cummings, J. N., 2004, Work Groups, Structural Diversity, and Knowledge Sharing in a Global Organization, *Management Science*, 50(3), 352-364.

Cliff, A., et al, 1972, Testing for Spatial Autocorrelation among Regression Residuals, *Geographical Analysis*, 4(3), 267-284.

Cliff, A. D., et al, 1981, *Spatial Processes: Models & Applications,* Pion London.

Davies, H., et al, 2000, Porter's Competitive Advantage of Nations: Time for the Final Judgement, *Journal of Management Studies*, 37(8), 1189-1214.

Davenport, T. H., et al, 2000, *Working Knowledge: How Organizations Manage What They Know,* Harvard Business Press.

Griliches, Z., 1979, Issues in Assessing the Contribution of Research and Development to Productivity Growth, *The Bell Journal of Economics*, 10(1), 92-116.

Glaeser, E. L., et al, 1991, Growth in Cities, *National Bureau of Economic Research,* 6, 1126-1152.

Gerschenkron, A., 1962, *Economic Backwardness in Historical Perspective,* Belknap Press of Harvard University Press.

Hays, J. C., 2003, Globalization and Capital Taxation in Consensus and Majoritarian Democracies, *World Politics*, 56(1), 79-113.

Reagans, R., et al, 2003, Network Structure and Knowledge Transfer: The Effects of Cohesion and Range, *Administrative Science Quarterly*, 48(2), 240-267.

Romer, P. M., 1986, Increasing Returns and Long-run Growth, *The Journal of Political Economy*, 94(5), 1002-1037.

Simonin, B. L., 1999, Ambiguity and the Process of Knowledge Transfer in Strategic Alliances, *Strategic Management Journal*, 20(7), 595-623.

Szulanski, G., 2000, The Process of Knowledge Transfer: A Diachronic Analysis of Stickiness, *Organizational Behavior and Human Decision Processes*, 82(1), 9-27.

Szulanski, G., 2002, Sticky Knowledge: Barriers to Knowing in the Firm, *Innovation: Management,Policy & Practice,* 5(2), 287-288.

Simonin, B. L., 1999, Transfer of Marketing Know-how in International Strategic Alliances: An Empirical Investigation of the Role and Antecedents of Knowledge Ambiguity, *Journal of International Business Studies*, 30(3), 463-490.

Smith, P. J., 1999, Do Knowledge Spillovers Contribute to US State Output and Growth, *Journal of Urban Economics*, 45(2), 331-353.

Szulanski, G., 1996, Exploring Internal Stickiness: Impediments to the Transfer of Best Practice within the Firm, *Strategic Management Journal*, 17, 27-43.

Tobler, W. R., 1970, A Computer Movie Simulating Urban Growth in the Detroit Region, *Economic Geography*, 46, 234-240.

Von Hippel, E., 1994, "Sticky Information" and the Locus of Problem Solving: Implications for Innovation, *Management Science*, 40(4), 429-439.

Von Hippel, E., et al, 1995, How Learning by Doing is Done: Problem Identification in Novel Process Equipment, *Research Policy*, 24(1), 1-12.

Winter, S. G., et al, 2001, Replication as Strategy, *Organization Science*, 12(6), 730-743.

Warda, P., et al, 2012, *Spatial Knowledge Spillovers in Europe: A Meta-analysis in ERSA Conference Papers,* European Regional Science Association, 2012.

The Effect of the Sticky Knowledge on the Economic Growth in China: Based on Spatial Econometrics Models Using Chinese Provincial Data

Xiao Guangen　Lu Shijing

Abstract: Many researchers analyzed the impact on economic growth from a static point of view and hence ignored the dynamic factors, such as the geographical factors. With the continuous development of economy, and the advent of "knowledge economy", the impact of sticky knowledge on economic growth cannot be ignored. Therefore, from the perspective of the geographical location, based on the space model, looking the sticky knowledge as a key anlecedenl factor of economic growth, the authors analyze the differences of provincial economic growth in China. This study not only has important theoretical contribution for our understanding of the knowledge economy, but also enriches the study of the causes of the economic growth differences, and provides a theoretical basis for the development policies of China's economic growth and for the adjustment of balanced regional development policies in China.

Keywords: sticky knowledge, economic growth, principal factor analysis, spatial model

要素流动与广东制造业的空间变动

黄利春 梁 琦[①]

摘 要：本文利用区位基尼系数、行业的地区集中度与制造业平均集聚率等指标，测算了2000~2011年广东27个二位数制造业的集聚程度及其变化，验证了产业区位生命周期理论。研究结果表明：广东制造业具有显著的地理集聚特征，集聚程度高低的行业分布依次是：资源密集型产业——技术密集型产业——资本密集型产业——劳动密集型产业。广东制造业主要集聚在珠三角地区，强集聚区域的劳动力与资本要素的集聚度显著高于弱集聚区域。受珠三角产业转移的影响，广东制造业集聚度基本呈现先上升后下降的特点。目前产业集聚仍是广东制造业的主要趋势，珠三角产业转移受距离衰减规律影响，就近转移较多。

关键词：要素流动、产业集聚、产业转移、产业区位生命周期

中图分类号：F129.9

① 黄利春，中山大学管理学院，广东金融学院经济贸易系；梁琦，中山大学管理学院。本文受国家自然科学基金项目（项目批准号：71273285）、国家软科学研究计划项目（项目编号：2012GXS4D094）、2012年广东省普通高校人文社会科学重大攻关项目"广东制造业转型升级与劳动力就业长效机制研究"、2012年度高校基本科研业务费中山大学新兴、交叉学科计划项目资助。

一、引 言

在经济全球化与区域经济一体化的背景下，劳动、资本、技术等要素的跨国、跨地区流动更趋自由。大量研究表明：产业集聚与决定要素流动的区域经济一体化程度呈倒U型关系，也就是当要素完全不能流动和完全自由流动时，集聚不会发生，而当要素流动比较自由的时候，产业集聚程度较高。生产要素一般从生产效率低的区域流向生产效率高的区域以实现报酬最大化。要素流动主要表现为向某些特定区位的集聚，要素集聚通过要素共享与要素多样性等机制促进相关产业集聚，进而形成循环累积因果关系，产生强大的集聚经济效应。

关于产业的空间分布，学术界已有大量研究。克鲁格曼（Krugman）(1991)计算了美国3位数行业的空间基尼系数来测度各行业的区域集聚水平，同时辅以各行业的就业结构和市场份额指标，分析美国制造业的专门化程度，发现多数行业都有区域集聚特点。吉姆（Kim），(1995[①])考察了1860~1987年间美国制造业活动的空间分布和市场扩张，发现美国制造业平均集聚水平在1860~1947年期间是增加的，其后就开始下降，而今天许多2位数行业的集聚水平又与1860年的水平相当类似，因此，美国制造业集聚水平呈U型。国内一些学者研究发现：改革开放以来，我国制造业空间集聚程度总体呈上升趋势，但近年来有一些制造业空间集聚过度并呈现生产要素拥挤迹象（罗勇和曹丽莉，2005；杨洪焦等，2008；唐根年等，2009；汪彩君等，2011）。

梁琦（2004）考察了中国1949~2000年间14种主要工业产品生产的集中与分散趋势，发现大多数产品在五六十年代集聚水平比较高，但在70年代以前集聚水平多半是下降的，80年代和90年代前半期集聚水平比较低，而后集聚水平有所上升。据此，她提出了产业区位生命周期理论，认为产业区位生命周期为：集中—分散—再集中，这与产品的生产形态变化过程是相对应的：知识密集型—技术和资本密集型—劳动密集型。产业区位生产周期链上的再集中与初始集中是有本质区别的：初始集中是知识密集型产业的集中，一般

① 转引自梁琦（2004）。

都囊括制造业产品生产链上的所有阶段，能获得高附加值的垄断利润和经济租，是产品的创新地，因此，技术中心与生产中心重合；而再集中是劳动密集型产业的集中，只能进行产品标准化生产，靠适度规模和本土化改进获取微薄的利润，不会发生在原创性的 R&D 和核心部件制造阶段，多半在零部件制造与组装阶段，其地点一般不会是创新地，而是综合考察多种因素后的资本投向地，因而技术中心与生产中心分离。产业集聚水平与产业生命周期相关，两类产业的集聚水平最高，其一是知识密集型的高科技产业，其二是劳动密集型的产业。里夫科等（Neffke etc），(2010)将产业分为新兴产业与成熟产业，考察了产业生命周期不同阶段集聚外部性的作用的变化，发现随着产业成熟度的提高，产业从产业内溢出中获利增加，而从产业间溢出中获利减少，新兴产业适合在拥有高质量但昂贵劳动力的大城市发展，而成熟产业则在拥有较大地方市场的低成本区域发展较好。

广东作为我国改革开放的前沿阵地，在 20 世纪 80 年代率先承接国际产业转移，通过招商引资集聚国内外大量劳动力、资本、技术与管理等要素，快速推进工业化与城市化，一大批独具特色的专业镇等产业集群快速崛起，毗邻港澳的珠三角地区成为我国乃至世界重要的制造业基地。随着区域经济的进一步发展以及国内外经济形势的变化，自 20 世纪 90 年代后期，广东在全国率先开始区际产业转移，以劳动密集型为主的制造业由珠三角地区向粤东西北地区和外省或外国一些区域转移。近年来，广东加快产业结构的调整升级，区域一体化快速发展，产业集聚与产业转移并行驱动资源空间再配置，制造业空间加速重组。本文选取区位基尼系数、行业地区集中度、不同地区制造业平均集聚率等指标来测度广东 27 个制造业的空间集聚，通过考察产业集聚度的变化，主要探讨三个问题：第一，广东产业集聚的发展有何规律，目前在“双转移”战略下是否已经处于产业区位生命周期链上的分散阶段？第二，随着要素流动日趋自由，制造业空间变动与劳动力等生产要素的区际流动是否一致，其作用机制是什么？第三，在当前国内外很多发达地区大力推动经济服务化的背景下，作为“世界工厂”的珠三角地区制造业将如何继续发展？

二、测度指标与数据来源

（一）测度指标

1. 区位基尼系数

克鲁格曼（Krugman，1993）的区位基尼系数用来反映经济活动在地理上分布的不均匀程度，其定义为：

$$G^k = \frac{1}{2N^2\overline{S}^k}\sum_{j}^{N}\sum_{i}^{N}\left|S_i^k - S_j^k\right|$$

上标表示产业，下标表示地区，G^k 表示 k 产业的区位基尼系数，$\overline{S}^k$ 表示 k 产业在各地区间的平均份额，实际就等于 1/N，i、j 分别表示两个不同的地区（存在 i=j 的情形），S_i^k 、S_j^k 分别表示 i 地区和 j 地区的 k 产业产值占该产业全国产值的比重，N 表示地区总数。反映产业地理空间分布的基尼系数值在 0-1 之间变化，取值为 0 表示产业在各地区分布完全均等；若取值为 1[①]，则表示该产业都在一个地区集聚；取值越大表示该产业地理集聚程度越高。

2. 行业地区集中度

通过计算 CR_n^k 指数来反映产业 k 在产量最大的前 n 个地区的集聚情况，其计算公式为：

$$CR_n^k = \sum_{i=1}^{n} S_i^k \Big/ \sum_{i=1}^{N} S_i^k$$

其中，S_i^k 表示 k 产业在 i 地区的工业产值，N 表示全部地区数。该指标越大，说明产业 k 的地理集聚度越高。

3. 不同地区制造业平均集聚率

为了从地区的角度反映制造业产业总体在各地区的集聚情况，采用范剑勇(2004)提出的各地区制造业平均集聚率指标：

$$V_i = \sum_{k=1}^{K} v_i^k / K，其中，v_i^k = S_i^k \Big/ \sum_{i=1}^{N} S_i^k$$

① 根据公式，当一产业完全集中于一地区时，存在 i=j，i 行(列)和 j 列(行)的值 Si-Sj 为 0，i 行和 j 列的其他值均为 1，此时 G=(N-1)/N，所以，基尼系数永远无法等于 1，当 N 越大，越接近于 1。在本文中，我们研究广东 21 个地级市的各产业区位基尼系数，N=21，所以，当某一产业的全部份额都集中在一市生产时，该产业的区位基尼系数为 20/21，即 0.9524。

V_i 为 i 地区制造业的平均集聚率，K 为制造业产业总数，v_i^k 为 i 地区 k 产业的工业产值占全国该产业工业产值的比重，S_i^k 为 i 地区 k 产业的工业产值。该指标表示 i 地区制造业的总体集聚情况，直接衡量了该地区所有制造业在全国的平均占有率，取值越大反映该地区制造业平均占有份额越大，制造业总体水平越发达。

（二）样本选择与数据来源

本文的样本数据来自于 2001~2012 年的《广东统计年鉴》和《广东工业统计年鉴》。由于 2012 版的《广东统计年鉴》开始采用新的国民经济行业分类体系（GB/T4754-2011）对行业进行分类，而不再使用旧的国民经济行业分类体系（GB/T4754-2002）。为了统一口径，我们将 2000~2010 年的橡胶制品业和塑料制品业合并为橡胶和塑料制品业，将 2011 年的汽车制造业与铁路、船舶、航空航天和其他运输设备制造业合并为交通运输设备制造业，选择 27 个制造业作为研究样本，根据上述指标的计算公式，计算了 2000~2011 年的广东各地区各地级市的产业集聚度，并根据其变化情况来反映广东制造业空间变动的情况。

三、计算结果与数据分析

从全国来看，广东是我国经济第一大省，也是我国制造业主要集聚地之一。2011 年，广东 27 个制造业中，有 10 个行业的区位熵[①]大于 1（见表 1），包括文教体育（8.14）、通信设备（2.98）、家具制造（2.05）、印刷业（1.96）、纺织服装（1.9）、皮革毛皮（1.81）、电气机械（1.74）、金属制品（1.64）、塑料制品（1.38）、造纸业（1.25）等，说明广东有超过 1/3 的制造业行业产值比重高于全国平均水平，而这些产业大多是劳动密集型的，证明广东是我国劳动密集型制造业的主要集聚地。

（一）广东制造业空间分布特征

在广东省内，制造业的空间分布很不均衡，各类产业的地理集聚度普遍较高，而且主要集聚在珠三角地区，导致区域经济差距非常显著。

① 区位熵（location quotient）用以考察特定经济活动在某个地区全部经济活动中的相对表现，定义为一个产业在某个地区的比重与其在所有地区的比重之比。

表 1 2011 年广东制造业的空间分布

产业	区位熵	区位基尼系数	地理集聚度	CR4(%)	主要集中地区
食品加工	0.45	0.5533	较低	59.42	广州湛江东莞佛山
食品制造	0.81	0.6733	较高	67.57	广州茂名东莞湛江
饮料制造	0.64	0.6981	较高	76.62	广州东莞佛山深圳
烟草制品	0.47	0.8405	很高	94.56	广州梅州深圳韶关
纺织业	0.63	0.5898	较低	57.53	佛山广州江门东莞
纺织服装	1.90	0.6000	较高	54.61	广州佛山中山东莞
皮革毛皮	1.81	0.5352	较低	50.39	东莞广州佛山中山
木材加工	0.58	0.5248	较低	52.15	佛山汕头湛江肇庆
家具制造	2.05	0.6762	较高	66.08	佛山东莞深圳中山
造纸业	1.25	0.6467	较高	53.15	东莞佛山中山江门
印刷业	1.96	0.6171	较高	57.59	深圳佛山汕头东莞
文教体育	8.14	0.7000	高	71.22	深圳佛山广州汕头
石油加工	0.78	0.7933	高	86.96	茂名惠州广州湛江
化学原料	0.72	0.6305	较高	63.09	广州佛山惠州江门
医药制造	0.55	0.6181	较高	62.52	广州深圳中山珠海
化学纤维	0.23	0.8533	很高	84.12	江门珠海佛山揭阳
橡塑制品	1.38	0.5900	较低	58.89	佛山深圳东莞广州
非金属矿物	0.72	0.5314	较低	54.78	佛山肇庆清远潮州
黑色金属	0.35	0.6381	较高	63.11	广州佛山韶关揭阳
有色金属	0.62	0.6881	较高	68.79	佛山肇庆清远广州
金属制品	1.64	0.6095	较高	59.02	佛山江门深圳中山
通用设备	0.62	0.7162	高	75.20	佛山广州深圳东莞
专用设备	0.54	0.7119	高	71.18	深圳佛山广州东莞
交通运输设备	0.76	0.8057	很高	84.79	广州佛山深圳东莞
电气机械	1.74	0.7248	高	70.35	佛山深圳中山珠海
通信设备	2.98	0.8086	很高	84.18	深圳东莞惠州广州
仪器仪表	0.66	0.7733	高	80.90	深圳东莞广州佛山

1. 产业的地理集聚度普遍较高

近年来，广东加快产业升级，大力推动珠三角产业转移，但产业集聚是广东经济发展的重要模式，各产业的地理集聚特征依然很明显。全省共有 326 个专业镇，工业总产值超千亿元的专业镇达 6 个，超百亿元专业镇达 103 个。2011 年，专业镇实现 GDP 总量 1.64 万亿元，占全省 GDP 比重的 31%；27 个制造业的区位基尼系数全部大于 0.5，CR_4 均大于 50%（见表 1）。其中，烟草制品、化学纤维、交通运输设备、通信设备等四个制造业的地理集中度很高，其区位基尼系数均大于 0.8，CR_4 均大于 80%；文教体育、石油加工、通用设备、专用设备、电气机械、仪器仪表等六个制造业的空间分布也高度集中，其区位基尼系数均在 0.7~0.8 之间，而 CR_4 都大于 70%或 80%；地理集聚度相对较低的产业主要有食品加工、纺织业、皮革毛皮、木材加工、橡塑制品、非金属矿物等劳动密集型产业，这与珠三角产业转移主要向外转出劳动密集型产业相关，但其区位基尼系数与 CR_4 并不很低。

2. 珠三角地区的中心地位突出

广东省内各地区的工业化水平不同，工业的空间分布很不平衡，主要集聚在珠三角地区。2011 年，广东省规模以上工业总产值为 94871.68 亿元，其中，珠三角九市的占比为 84.40%，粤东、粤西和粤北地区分别占 5.91%、4.66%、5.03%；21 个地级市的极值比接近 40:1（工业总产值最高的深圳为 20432.12 亿元，最低的云浮为 512.63 亿元）。制造业的分布特征与此类似，全省制造业总产值为 86804.63 亿元，珠三角、粤东、粤西和粤北地区之间的比例为 85.96：5.62：4.34：4.08，制造业产值最大的是深圳，最小的是梅州，前者的产值是后者的 46 倍。

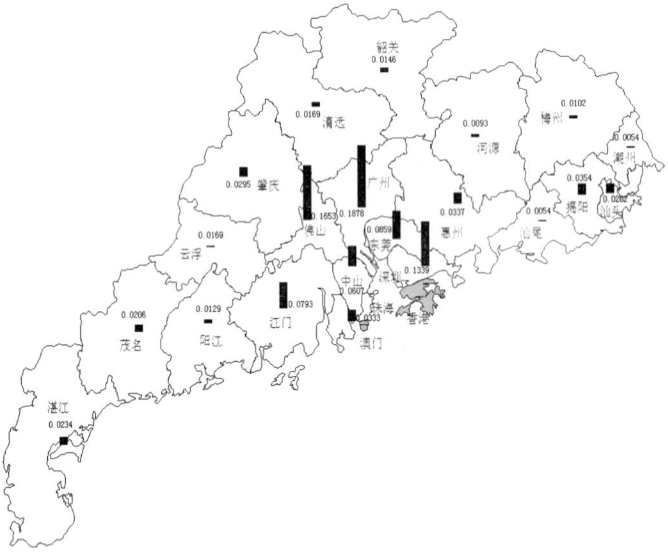

图 1　2011 年广东各地级市制造业平均集聚率

2011 年，珠三角地区的制造业平均集聚率为 0.8094，其中广州、佛山、深圳三市的制造业在全省的平均占有率超过 10%，平均集聚率分别为 0.1878、0.1653、0.1339；而粤东、粤西和粤北地区的制造业平均集聚率分别为 0.0779、0.0568、0.0559，粤东西北地区制造业平均占有率总和还不到珠三角地区的 1/4，其中韶关、阳江、梅州、河源、汕尾、潮州、云浮 7 个地级市的制造业平均集聚率均小于 0.01，即其全部制造业在全省的平均占有率均不足 1%（图 1）。

在 27 个制造业中有 14 个以上行业规模在全省排前四位的地区全在珠三角（见表 1），其中，佛山上榜 22 次，广州上榜 19 次，东莞上榜 15 次，深圳上榜 14 次，这些地区有一半以上的制造业行业的产值位居全省前列。然而粤东西北地区除了一些比较依赖自然资源的产业外，很少有产值居全省前四位的制造业，其中，河源、汕尾、云浮三市没有一个产业上榜。可见，珠三角地区作为广东省制造业中心的地位非常突出。

（二）广东制造业集聚的变动

1. 各行业地理集聚度的变化

2000~2011 年，广东 27 个制造业的区位基尼系数都大于 0.5，CR_4 均大于 50%，制造业各行业的地理集聚特征始终很显著。其中，烟草制品、石油加工、交通运输设备、通信设备等 4 个产业历年的区位基尼系数均接近或大于 0.8，CR_4 均接近或大于 80%。由于受珠三角产业转移的影响，27 个制造业中除石油加工、化学纤维和电气机械三个产业以外，其他产业的区位基尼系数和 CR_4 都在一定程度上表现出先上升后下降的特点，说明广东制造业空间变动具有先集聚后扩散的特征。当然，不同产业地理集聚度开始下降的时间并不相同，但大部分制造业的区位基尼系数和 CR_4 在 2005 年前后出现明显的下降，其中食品制造等 8 个制造业的 CR_4 在 2005 年开始下降，食品加工等 7 个制造业的 CR_4 在 2006 年开始下降，这跟广东省政府自 2002 年以来开始实施的一系列产业转移政策密切相关。2005~2010 年间，27 个制造业中有 21 个行业的区位基尼系数下降，22 个行业的 CR_4 下降。2008 年实施“双转移”战略以后，有 18 个制造业的区位基尼系数下降，21 个制造业的 CR_4 降低，其中地理集聚度下降较快的产业包括非金属矿物、橡塑制品、黑色金属和石油加工等产业，其区位基尼系数在 2008~2011 年间均下降了 0.05 以上。然而，2011 年却有一些产业的地理集聚度较 2010 年略有上升，其中升幅较大的是文教体育、化学纤维，其区位基尼系数分别上升了 0.1010 和 0.0638，这是因为很多劳动密集型产业是网络依赖型的，虽然粤东西北地区或中西部地区的低工资具有吸引力，但珠三角地区产业集聚已经形成的专业化的供应链、多元化设计和工程技术，熟练劳动力，规模生产经验等对其更重要，因而珠三角地区业已成形的工业集群对一些产业产生较强的区位黏性。

2. 各类产业集聚度的变化

根据不同产业在生产过程中对生产要素依赖程度的差异，可将产业大致分为四类[①]：（1）资源密集型产业，亦称土地密集型产业；（2）劳动密集型产业；（3）资本密集型产业；（4）技术密集型产业又称知识密集型产业。2000~2011 年，广东各类制造业的地理集聚度及其变动特征都有较明显的差异（见图 2A、图 3A ）。总的来说，资源密集型产业的地理集聚度最高，其历年的区位基尼系数均大于 0.74，CR_4 均大于 78%；其次是技术密集型和资本密集型产业；地理集聚度相对较低的是劳动密集型产业，其历年的区位基尼系数均在 0.58~0.65 之间，CR_4 均在 57%~66%之间。这是因为资源密集型产业与自然资源分布关系密切，主要分布在靠近资源的地区；技术和资本要素主要集聚在珠三角地区，其相关产业的集聚度较高；而劳动力对广东各地来说都是比较优势，而且随着区域一体化的发展，各地劳动密集型产业面临的市场范围差别不大，因而就广东全省而言，劳动密集型产业的地理集聚度相对较低。

21 世纪以来，广东各类产业的地理集聚度有不同的变化，主要表现为资源密集型和劳动密集型产业的 CR_4 和区位基尼系数均是先上升后下降（见表 2）；而资本密集型和技术密集型产业的 CR_4 和区位基尼系数在相对平稳的波动中略有上升。近年来，珠三角地区向外转移的产业主要是资源密集型和劳动密集型的产业，因而这两类产业的地理集聚度下降幅度最大，下降速率最快。广东资源密集型产业和劳动密集型产业 2011 年的 CR_4 比 2000 年分别下降了 7.07 和 5.57 个百分点，比集聚度最高年份分别下降了 8.14 和 7.71 个百分点；2011 年的区位基尼系数比 2000 年分别下降了 0.0660 和 0.6203。由于珠三角地区在向外转移劳动密集型产业和资源密集型产业的同时，大力引进和发展先进制造业，导致资本密集型产业和技术密集型产业的 CR_4 和区位基尼系数在波动中呈总体上升的趋势。说明广东制造业只有一些比较成熟的劳动密集型产业进入产业区位生命周期链的扩散阶段或处于由集中向扩散的过渡阶段，因而波动较大，而资本密集型和技术密集型等相对高端的制造业在广东的集聚度将继续提高。目前，广东处于工业化中期阶段，各类制造业处于产业区位生命周期的不同阶段，据此我们可以判断制造业将依然是广东各

① 一般认为，资源密集型产业包括石油加工、炼焦及核燃料加工业，黑色金属冶炼及压延加工业，有色金属冶炼及压延加工业；劳动密集型产业包括纺织业，纺织服装、鞋、帽制造业，皮革、毛皮、羽毛(绒)及其制品业，木材加工及木、竹、藤、棕、草制品业，家具制造业，造纸及纸制品业，印刷业和记录媒介的复制，文教体育用品制造业，橡胶制品和塑料制品业，非金属矿物制品业；资本密集型产业包括农副食品加工业，食品制造业，饮料制造业，化学原料及化学制品制造业，化学纤维制造业，金属制品业；技术密集型产业包括烟草制品业，医药制造业，通用设备制造业，专用设备制造业，交通运输设备制造业，电气机械及器材制造业，通信设备、计算机及其他电子设备制造业，仪器仪表及文化、办公用机械制造业。

地经济发展的主导产业，只是不同要素密集度的制造业将集聚于不同地区。珠三角地区仍将是重要的制造业基地，但制造业升级是其近期重要任务，将主要发展在产业区位生命周期链上处于初始集中的产业。粤东西北地区通过承接珠三角产业转移，促进一些成熟产业空间再集聚，并加速当地工业化进程，带动区域经济的起飞。

表 2　2000~2011 年广东 27 个制造业集聚度的变化

行业名称	2000 年		2005 年		2008 年		2010 年		2011 年	
	G	CR4（%）	G	CR4（%）	G	CR4（%）	G	CR4（%）	G	CR4（%）
食品加工	0.5924	60.12	0.6009	60.93	0.5800	61.03	0.5333	57.16	0.5533	59.42
食品制造	0.6486	63.41	0.7038	68.58	0.6390	61.84	0.6581	66.03	0.6733	67.57
饮料制造	0.6248	66.22	0.7190	75.07	0.6829	73.87	0.6890	74.98	0.6981	76.62
烟草制品	0.8381	87.90	0.8467	94.86	0.8410	91.05	0.8324	91.83	0.8405	94.56
纺织业	0.5771	61.91	0.5838	59.82	0.5924	56.60	0.5971	58.69	0.5898	57.53
纺织服装	0.5543	50.73	0.6390	60.33	0.5886	57.24	0.5852	54.75	0.6000	54.61
皮革毛皮	0.6638	63.87	0.6390	64.00	0.5029	58.36	0.5810	54.78	0.5352	50.39
木材加工	0.6524	66.98	0.5410	54.61	0.5352	52.90	0.5250	54.07	0.5248	52.15
家具制造	0.62	59.37	0.7010	74.11	0.7067	71.41	0.6981	70.81	0.6762	66.08
造纸业	0.6286	59.84	0.6781	65.27	0.6800	67.23	0.6486	63.12	0.6467	53.15
印刷业	0.6419	59.44	0.6876	66.23	0.6324	60.35	0.5990	58.92	0.6171	57.59
文教体育	0.6943	68.79	0.6629	67.06	0.6248	62.02	0.5990	55.60	0.7000	71.22
石油加工	0.8962	99.29	0.8733	96.14	0.8495	94.85	0.7981	86.06	0.7933	86.96
化学原料	0.6705	65.35	0.7029	70.22	0.6610	66.66	0.6264	62.25	0.6305	63.09
医药制造	0.6752	74.04	0.6524	66.57	0.6238	66.28	0.6014	63.70	0.6181	62.52
化学纤维	0.7495	75.03	0.6495	62.85	0.8076	79.41	0.7895	82.23	0.8533	84.12
橡塑制品	0.7029	62.29	0.6900	65.78	0.6514	65.17	0.6100	59.04	0.5900	58.89
非金属矿物	0.6038	64.17	0.6619	67.34	0.6276	64.65	0.5876	60.55	0.5314	54.78
黑色金属	0.7457	76.91	0.6743	69.99	0.6981	70.28	0.6845	68.05	0.6381	63.11
有色金属	0.7438	77.61	0.7514	77.78	0.7229	74.37	0.6981	72.18	0.6881	68.79
金属制品	0.6190	64.49	0.6629	64.71	0.6562	63.77	0.6212	60.06	0.6095	59.02
通用设备	0.6743	69.89	0.6610	67.36	0.6705	67.78	0.6819	69.65	0.7162	75.20
专用设备	0.6057	58.63	0.7105	72.83	0.6876	73.13	0.6895	71.83	0.7119	71.18
交通运输设备	0.8029	83.34	0.8410	88.42	0.8486	88.67	0.8504	89.43	0.8057	84.79
电气机械	0.7162	71.60	0.7248	70.20	0.7190	71.38	0.7190	71.57	0.7248	70.35
通信设备	0.7810	79.45	0.8276	86.17	0.8257	85.17	0.8098	83.69	0.8086	84.18
仪器仪表	0.7952	81.00	0.7762	79.70	0.7867	81.42	0.7943	83.03	0.7733	80.90

结合广东的实际，我们通过采用劳动密度指数（I_i）来测度各制造业的劳动集聚度[①]，结果显示：广东 27 个制造业中有电器机械等 13 个行业的 I_i <1，属于低劳动密集度产业，而文教体育等 15 个行业的 I_i>1，则属于高劳动密集度产业。劳动密集度不同的产业在广东的空间集聚差异很大（图 2B、图 3B ）。高劳动密集度的制造业的 CR_4 和区位基尼系数相对低劳动密集度的制造业更低，即低劳动密集度的制造业具有更明显的集聚特征。但高劳动密集度产业的 CR_4 和区位基尼系数在前期上升和后期下降的速率和幅度更大，这进一步验证了前面关于劳动密集型产业地理集聚水平较低且下降较快的结论，也反映了珠三角地区在改革开放初期承接的外来产业和当前发生转移的产业都是以劳动密集型产业为主。

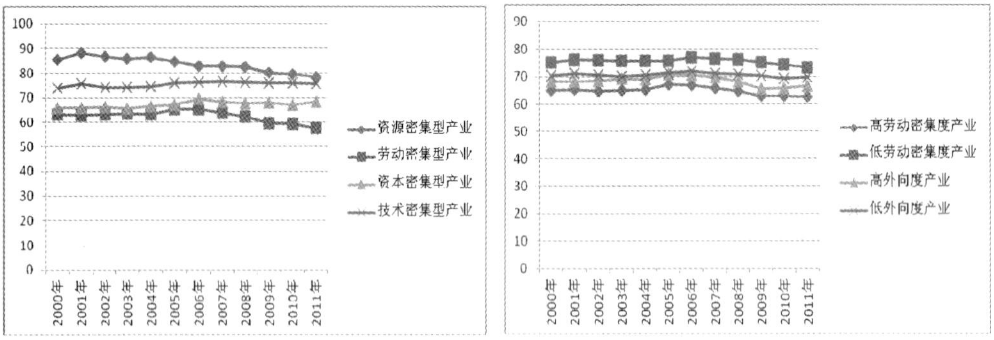

A　　　　B

图 2　广东不同类型产业 CR_4 的变化

① 劳动密度指数的计算公式为 Ii=(Li/Vi)/(L/V),其中 Li 为 i 行业就业人数,Vi 为 i 行业增加值,L 为全行业就业人数,V 为全行业增加值,该指数越大表示该制造业的劳动密集度相对全行业的平均水平越高。计算结果显示：广东 27 个制造业中有电器机械等 13 个行业的 Ii <1，属于低劳动密集度产业，包括电气机械（0.97）、造纸业（0.96）、通信设备（0.83）、化学纤维（0.82）、医药制造（0.76）、食品加工（0.74）、黑色金属（0.72）、有色金属（0.70）、交通运输设备（0.69）、饮料制造（0.57）、化学原料（0.42）、石油加工（0.31）、烟草制品（0.22）；而文教体育等 15 个行业的 Ii>1，则属于高劳动密集度产业，包括文教体育（2.49）、皮革毛皮（2.40）、纺织服装（1.99）、家具制造（1.54）、纺织业（1.44）、食品制造（1.36）、橡塑制品（1.34）、印刷业（1.27）、专用设备（1.20）、通用设备（1.19）、非金属矿物（1.08）、金属制品（1.06）、木材加工（1.06）、仪器仪表（1.04）。

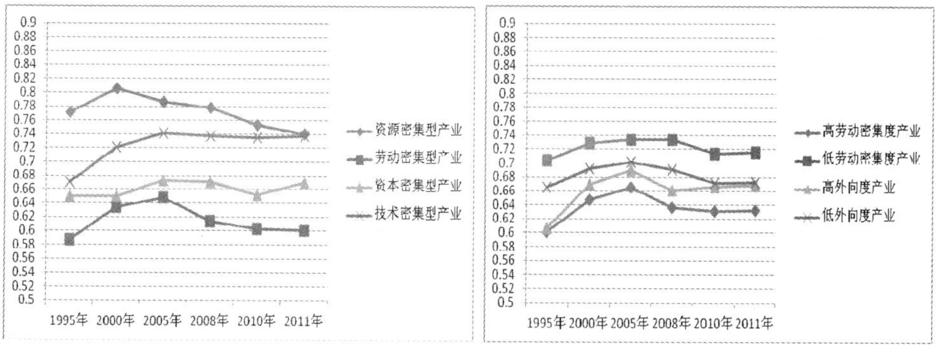

A　　　　　　　　B

图 3　广东不同类型产业区位基尼系数的变化

考虑到对外贸易对广东制造业的影响很重要，我们通过计算行业①的外向度（M_i）来对 27 个制造业分类，以更好地反映不同外向度的产业集聚特点。广东 27 个制造业中，有通信设备等 7 个行业属于高外向度产业，而塑料制品等 20 个行业属于低外向度产业。1995~2011 年，广东低外向度制造业的区位基尼系数都比高外向度制造业的高，说明对国外市场依赖较小的制造业具有更明显的集聚特征。2000 年高外向度的制造业区位基尼系数和 CR_4 分别是 0.6694 和 66.45%，到 2005 年分别上升到 0.6899 和 70.17%，而后开始下降，到 2011 年两指数分别为 0.6690 和 65.91%。在这期间，高外向度制造业地理集聚度无论上升还是下降的速率和幅度都更大，这是由于长期以来广东在国际市场的竞争主要依靠低成本优势。改革开放初期，珠三角地区一系列优惠政策与区位优势对外资企业有较强的吸引力，但随着珠三角地区成本上升后，高外向度产业较快地向欠发达地区转移以保持其成本优势，因而其地理集聚度下降较快。广东高外向度产业较多是以外资企业为主，这也说明珠三角外资企业的根植性不强，容易随要素成本的上升而撤离。

① 考虑到对外贸易对广东制造业的影响很重要，我们通过计算行业的外向度来对 27 个制造业分类，以更好地反映不同外向度的产业集聚特点。制造业的外向度计算公式为：Mi=(mi/si)/(m/s),其中：mi 为 i 行业出口交货值,si 为 i 行业销售产值,m 为全行业出口交货值,s 为全行业销售产值,该指数越大表示该制造业的外向度相对全行业的平均水平越高。计算结果显示：27 个制造业中有通信设备等 7 个行业属于高外向度产业，包括通信设备（1.92）、仪器仪表（1.82）、文教体育（1.77）、皮革毛皮（1.54）、家具制造（1.29）、纺织服装（1.13）、纺织业（1.05）；而电气机械等 20 个行业则属于低外向度产业，包括电气机械（0.97）、金属制品（0.92）、橡塑制品（0.90）、专用设备（0.74）、木材加工（0.70）、印刷业（0.62）、通用设备（0.55）、化学纤维（0.52）、造纸业（0.50）、交通运输设备（0.42）、非金属矿物（0.38）、有色金属（0.34）、化学原料（0.32）、食品加工（0.28）、食品制造（0.22）、黑色金属（0.20）、医药制造（0.16）、饮料制造（0.08）、石油加工（0.05）、烟草制品（0.04）。

3. 各地区制造业集聚率的变化

广东各地区处于工业化的不同阶段，其工业化发展战略与路径也不同，各地制造业平均集聚率及其变动都有很大差异，主要表现为粤东西北地区与珠三角地区之间的巨大落差（图 4），这进一步地突出了珠三角作为制造业中心的地位。2000~2011 年，珠三角地区制造业的平均集聚率除 2010 年外历年都大于 80%，远远高于不到 8%的粤东、粤西和粤北地区。2000~2010 年珠三角地区制造业平均集聚率逐年下降，十年下降了将近 4 个百分点，但 2011 年略有上升。相应地，作为珠三角地区产业转移主要承接地的粤东西北地区的制造业平均集聚率也有明显变化，但区域差异很大。粤东和粤北山区近几年大量承接珠三角产业转移，其制造业平均集聚率在总体上表现出波动上升的趋势，但粤北地区的制造业平均集聚率在 2011 年略有下降，这是与珠三角地区制造业平均集聚率上升对应的；粤西地区由于资源型产业比较突出，对“双转移”的反应相对较慢，其制造业平均集聚率先下降后上升。广东各地区制造业平均集聚率的变化特征说明近年来的珠三角产业转移对广东制造业空间结构已经产生一定影响，但并未改变广东制造业的基本空间格局。

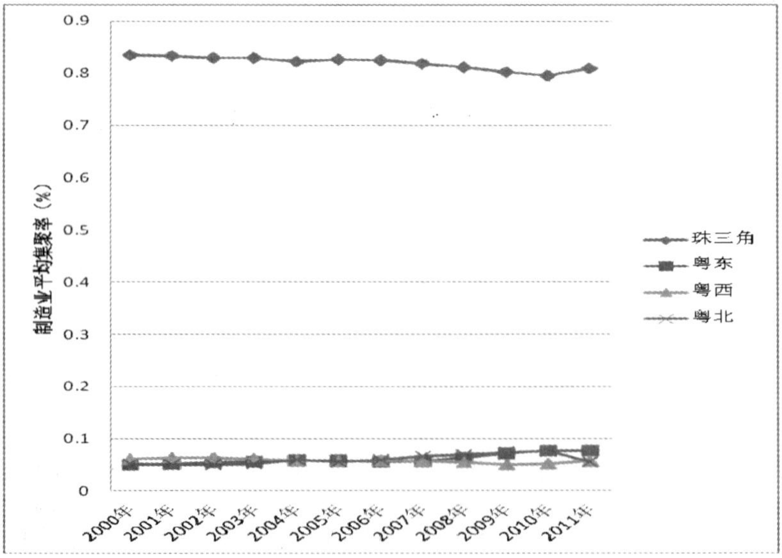

图 4 广东各地区制造业平均集聚率的变化

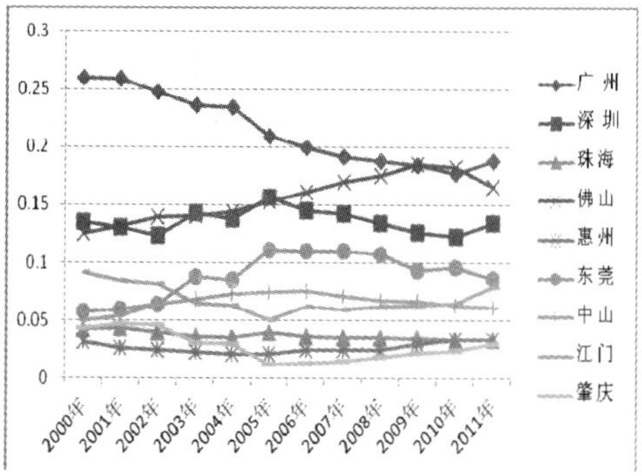

A 珠三角地区

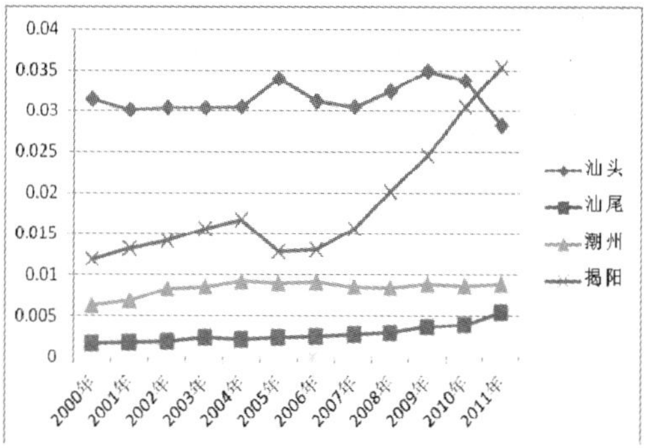

B 粤东地区

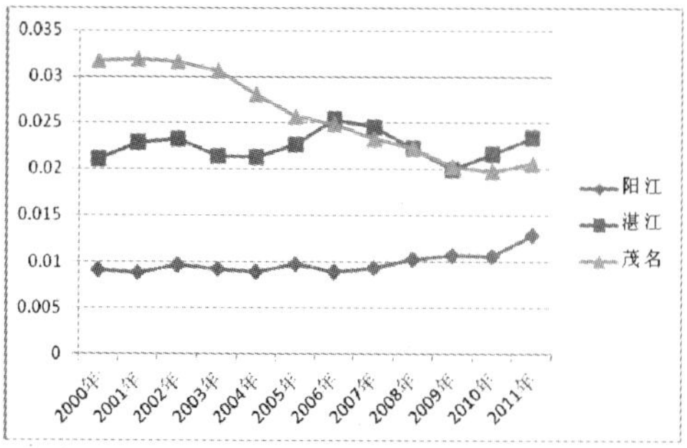

C 粤西地区

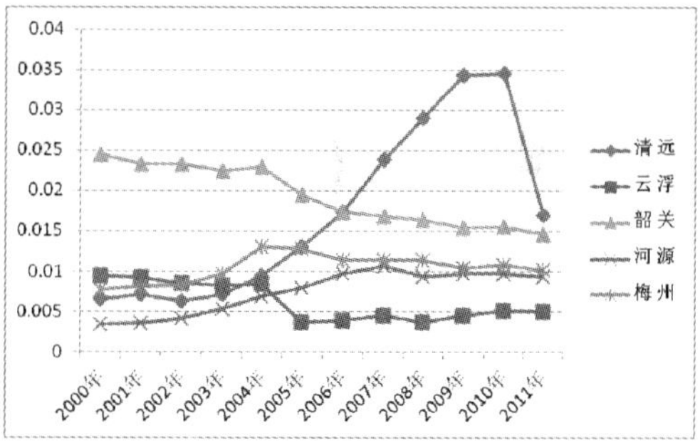

D 粤北地区

图 5　广东各地区制造业平均集聚率的变化

在 21 个地级市中，珠三角地区除珠海、肇庆和惠州三市以外，其他各市的制造业平均集聚率历年都大于 5%，其中，深圳、广州和佛山三市的制造业平均集聚率历年均在 10%以上；而位于粤东西北地区的其他地级市的制造业平均集聚率历年均不足 4%。2000~2011 年间，制造业平均集聚率呈下降趋势的地级市主要位于珠三角核心区的广州、深圳、佛山、东莞等市，其中降幅最大的是广州，由于受“退二进三”、“腾笼换鸟”等政策的影响，下降了 7.2 个百分点。在粤东西北地区也有个别城市的制造业平均集聚率下降，比较明显的是茂名和韶关，分别下降了 1.0 和 1.1 个百分点，主要是由于自然资源比较丰富，产业结构比较特殊，而且距离经济中心比较远，对珠三角产业转移的承接相对较少。其他地级市的制造业平均集聚率均表现出波动上升或基本不变的特征，其中上升速度最快的是揭阳和清远，这两个地级市凭借区位优势比较多地承接了珠三角产业转移。揭阳市的制造业平均集聚率持续上升，11 年间上升了 2.4 个百分点；清远市的制造业平均集聚率在 2002~2010 年之间是持续上升的，但 2011 年受工业投入不足、能源消耗上升和企业生产成本上升、融资难等问题的制约，工业增长相对缓慢，其制造业平均集聚率明显下降，2011 年比 2010 年下降了 1.8 个百分点，但其制造业平均集聚率依然是粤北山区五市中最高的（图 5）。可见，除个别城市外，广东大部分城市的制造业平均集聚率没有明显下降特征。这是因为从全球产业链角度来看，改革开放以来广东珠三角及沿海地区大量承接国际产业转移，是劳动密集型等成熟产业处于其产业区位生命周期链上的再集中过程，这个过程到现在仍在继续，只是部分相对成熟的产业在珠三角地区已完成再集中过程，从而进入下一个区位周期的扩散阶段，转移到新的区位集聚。另一方面，广东产业转移也体现了距离衰减规律，表现为在珠三角地区制造业平均集聚率有所下降的同时，该指标在临近珠三角的市县上升较快，在远离珠三角的地级市上升较慢甚至下降。说明广东制造业转移具有由近及远依次扩散的特征，距离是影响产业转移的一个重要因素。

四、制造业集聚与要素流动的关系

要素流动改变区域的要素禀赋条件，使得地区比较优势动态化。要素流入导致特定区域的要素供给增加和结构多样化，厂商可以扩大生产规模，获得规模经济；也可以提高要素的匹配程度，提高生产效率。因而生产要素在特定区位流入与流出的规模与强度决定其对相关产业的集聚力。广东成为我国乃至世界重要的制造业基地，是国内外大量生产要素向广东集聚的结果。改革开放初期，广东依靠中央政府赋予的特殊政策率先对外开放，引进外资成了工业化的动力源泉，外资不仅意味着投资，而且还意味着技术、管理与制度。外资扩展由城镇到农村，由大城市开发区与经济特区到其他地区，由此形成一大批劳动密集型和技术密集型的产业集群，逐步形成同时面向国际与国内市场的产业结构，其大型的生产基地以及成熟的市场化管理吸引了大批产业工人（赵伟等，2006），是我国劳动力净流入省域，其中生产工人、运输工人和有关人员流入量占全国的比例高达 2/3 强。2000~2010 年，广东从业人员占比上升的主要是广州、深圳、佛山、东莞、中山等珠三角核心区的城市，而资产总量占比上升的有佛山、珠海、东莞、中山、肇庆、江门、惠州、揭阳、阳江、清远、韶关和河源等市。可见，无论资本还是劳动力都主要流向珠三角地区，两者不同的是珠三角地区一些城市，如广州、深圳、中山等城市的资产总量占比在 2005 年以后出现了下降趋势，这正是珠三角产业转移的结果。

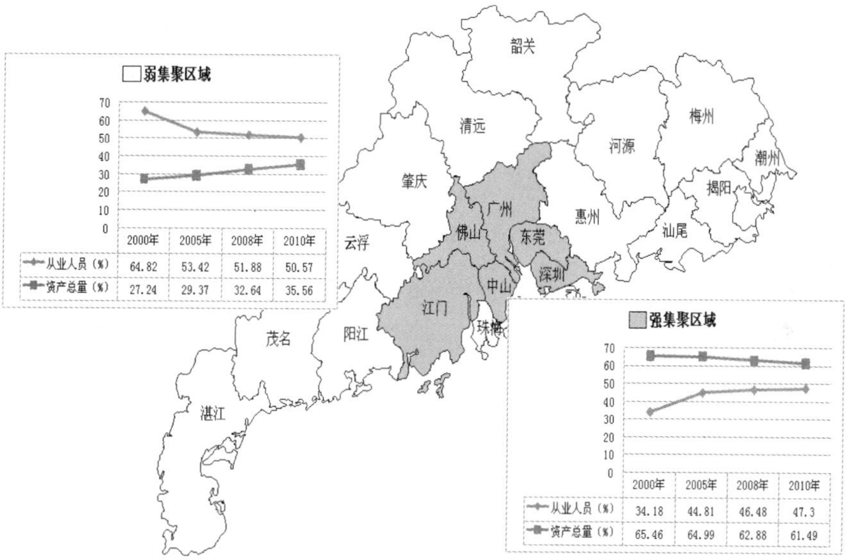

图 6　广东不同区域要素占比的变化

为了分析的需要，我们将集聚强度①大于 0.06 的地区归为强集聚区域，包括广州、佛山、深圳、东莞、江门、中山等 6 个地级市；而其他各市归为弱集聚区域，并测算出劳动力和资本在这两个区域的总的分布情况（见表 3），图 6 直观地显示了各区域的生产要素随时间的流动趋势。2000~2010 年间，强集聚区域（6 市都在珠三角地区）的从业人员占比由 34.18%上升为 47.40%，10 年增长了 13.12 个百分点，但资本总量占比则由 65.46%下降到 61.49%，减少了 3.97 个百分点；劳动力密度由 533 人/km^2 上升到 1033 人/km^2，资本密度由 786.95 万元/km^2 上升到 3186.08 万元/km^2。弱集聚区域的从业人员占比由 64.82%下降为 50.57%，减少了 14.25 个百分点，而资本总量占比由 27.24%上升到 35.56%，增加了 8.32 个百分点；劳动力密度由 180 人/km^2 上升到 202 人/km^2，上升幅度显著低于强集聚区域，资本密度由 73.03 万元/km^2 上升到 2033.55 万元/km^2，上升幅度明显高于强集聚区域。可见，位于珠三角地区的

① 集聚强度是指该市 2000~2011 年制造业平均集聚率的平均数。

强集聚区域的劳动力与资本要素的集聚度都显著高于弱集聚区域；21 世纪以来，劳动力继续向强集聚区域集中，而资本在一定程度上出现了分散态势，越是发达的地区，资本扩散的时间越早，如广州和深圳的资产总量的占比自 2000 年已经开始下降。

表 3　要素集聚状态

地区	集聚强度	从业人员（%）				资产总量（%）			
		2000 年	2005 年	2008 年	2010 年	2000 年	2005 年	2008 年	2010 年
广州	0.2144	12.00	11.24	12.66	13.43	28.56	23.76	21.66	21.13
佛山	0.1560	4.61	6.82	6.41	6.48	6.15	8.50	9.75	10.11
深圳	0.1358	7.35	11.27	11.88	12.00	20.94	18.7	16.44	15.08
东莞	0.0889	2.33	7.59	7.78	7.46	3.18	6.10	7.34	7.40
江门	0.0688	4.97	4.20	4.14	4.22	3.23	3.16	3.24	3.44
中山	0.0655	2.92	3.69	3.61	3.71	3.40	4.77	4.45	4.33
强集聚区域	0.7294	34.18	44.81	46.48	47.30	65.46	64.99	62.88	61.49
珠海	0.0370	1.88	1.84	1.80	1.79	2.94	2.97	3.12	3.11
汕头	0.0315	4.93	3.52	4.23	4.05	3.48	2.52	2.37	2.32
肇庆	0.0275	4.83	4.21	4.22	4.02	2.33	2.39	2.60	2.97
惠州	0.0264	4.45	4.36	4.27	4.35	2.39	3.95	4.37	4.79
茂名	0.0259	6.65	5.62	5.90	5.07	2.28	2.07	1.81	1.68
湛江	0.0225	7.50	5.97	5.54	5.41	2.13	2.30	2.44	2.67
韶关	0.0193	3.39	2.71	2.48	2.44	1.76	1.97	2.14	2.33
揭阳	0.0187	6.05	4.96	4.53	4.53	2.12	1.75	1.95	2.39
清远	0.0171	4.26	3.83	3.06	3.13	1.50	2.19	3.67	4.53
梅州	0.0104	4.94	4.15	3.85	3.60	1.37	1.48	1.39	1.33
阳江	0.0098	3.09	2.87	2.77	2.89	1.03	1.05	1.23	1.47
潮州	0.0084	2.88	2.53	2.43	2.49	0.95	1.12	1.18	1.18
河源	0.0074	3.60	2.31	2.30	2.38	0.82	1.20	1.61	1.57
云浮	0.0062	3.13	2.24	2.38	2.32	1.02	1.19	1.26	1.47
汕尾	0.0027	3.24	2.30	2.12	2.10	1.12	1.22	1.50	1.75
弱集聚区域	0.2708	64.82	53.42	51.88	50.57	27.24	29.37	32.64	35.56

注：表中集聚强度是指该市 2000~2011 年制造业平均集聚率的平均数，是根据图 4 的相应数据得出；资产总量和从业人数指标分别表示资产、从业人数的区域结构比率；数据均来源于历年《广东工业统计年鉴》，经作者计算整理，其中资产总量是在 2000 年的基础上历年固定资产投资加总所得。

从单个地级市来看，强集聚区域中除了广州和深圳，其他各市的劳动和资本都表现出与区域整体相反的变动趋势，这是由于广州和深圳的经济规模远远超过其他各市，而且广州和深圳近年来加快调整产业结构，大力发展第三产业，相对较多地流出制造业资本，但随着产业结构的调整和经济规模的扩大，城市的就业吸纳力进一步提高，从而其从业人员占比上升。佛山、东莞和中山在大量转出产业的同时，大力承接新一轮国际产业转移，引进大批资本密集度相对较高的制造业项目，从而导致资本占比有所上升。弱集聚区域中除了茂名和梅州两市的资本表现出与区域整体不同的趋势外，其他各市均表现出制造业资本占比上升与从业人员占比下降的趋势。可见，制造业聚散与劳动、资本等生产要素的流动密切相关，制造业集聚导致劳动力集聚，而资本扩散带动产业转移。可以预见：当资本在更多区位集聚达到均衡后，劳动力也将趋于扩散。

改革开放以来，广东生产要素主要集聚于珠三角地区，粤东西北地区的生产要素长期呈外流态势。经过三十多年的快速发展后，当前要素流动的方向有所调整，资本出现扩散趋势，劳动力虽然在总体上继续向珠三角集聚，但近年来珠三角地区出现的“民工荒”也反映了部分劳动力随产业转移而回流的状况。当前，珠三角地区拥有丰富的熟练工人、资本相对充足、技术比较发达，对优质要素与资本、技术密集型产业的吸引力较大；而粤东西北地区虽然劳动力和土地资源丰富，但资本和技术水平显著落后，将成为广东成熟产业在其区位生命周期链上再集中环节的空间载体。

五、结论及启示

通过对广东制造业空间变动的实证分析，我们发现广东制造业的空间变动在一定程度上反映了产业区位生命周期的基本规律，而这种变化与生产要素的流动密切相关，主要得到以下结论：

1. 广东大部分产业的地理集聚度较高。虽然近年来在政府主导下大力推动产业转移，导致大部分制造业的集聚程度在一定程度上表现出先上升后下降的特点，但广东制造业集聚度总体上降幅不大，且一些产业的地理集聚度呈现反弹态势。其中原因主要是目前广东仍然是全球成熟产业在其区位生命周期链上再集中的空间载体，产业集聚仍是广东制造业的主要趋势。近年来发生的珠三角产业转移是由于一些相对成熟的产业在珠三角已经或接近完成再集中过程而进入下一个周期的扩散阶段。

2. 珠三角仍将是制造业中心。改革开放以来，广东制造业始终主要集中在珠三角地区，其中各类产业集群与专业镇经过多年的发展，已形成比较完善的产业链网络。虽然一些对要素成本相对敏感的劳动密集型产业已发生转移，但珠三角地区比较完善的产业配套对网络依赖型的制造业形成较强的区位黏性。当前，虽然有一些资本要素开始扩散，但广东的生产要素依然继续向珠三角地区集聚，数量丰富与结构多样化的生产要素为珠三角地区发展先进制造业提供了有利条件。珠三角地区其实并未到达经济服务化的阶段，相反，在未来很长一段时间内仍将大力发展制造业，继续成为广东乃至我国重要的制造业中心。

3. 不同产业在广东处于产业区位生命周期的不同阶段。广东制造业集聚程度从高到低的行业分布依次是：资源密集型产业——技术密集型产业——资本密集型产业——劳动密集型产业。近年来受要素成本上升与资源环境等的约束，珠三角地区一些资源密集型和劳动密集型产业发生转移，导致其地理集聚度下降较快，但珠三角地区同时也在大力发展技术密集型和资本密集型的制造业，因而这两类产业地理集聚度则在平稳波动中略有上升。从产业区位生命周期的角度看，珠三角地区的资源密集型与劳动密集型的制造业在处于由初始集中向分散阶段过渡的阶段，其集聚度将趋于下降；但技术和资本密集型产业则处于初始集中阶段，其集聚度将趋于上升。

4. 产业转移受距离衰减规律的影响，目前珠三角产业转移以省内转移为主，而且承接地主要分布在珠三角外围区县和粤东西北地区邻近珠三角的市县，距离珠三角核心区较近的江门、肇庆以及阳江、揭阳、清远的制造业平均集聚率上升较快。

这些结论是很有意义的，我们由此得出以下几点启示：

第一，珠三角地区要积极集聚高级要素，以实现区域由“世界加工厂”向真正的“世界工厂”的转型。改革开放三十多年来，珠三角地区集聚了大量来自国外的低端资本与国内廉价劳动力，承接大量劳动密集型的国际产业转移，从而使得其主导产业在世界分工体系中处于相对低端的位置，主要承担生产功能，大量产业的科技中心依然在发达国家和地区。这种缺乏知识技术支撑的生产中心，只是在产品生产链上的一两个环节的集中和产业区位生命周期链上的再集中，是不能成为真正意义上的世界工厂和制造业集聚中心的。因此，制造业转型升级是珠三角地区当前最急迫的任务，但在新的经济形势下珠三角地区的转型升级却面临生产要素质量较低等诸多瓶颈。历史上美国、德国和日本的经验告诉人们：发展中国家充分利用先进国家的知识和技术溢出是其争取尽快建立新中心的一条捷径（梁琦等，2003），珠三角地区在今后很长一段时间内不必急于大规模地“退二进三”，应当充分发挥其业已形成的工业集群优势，集聚高级人才、先进技术和优质资本，一方面用先进技术与管理方法改造传统产业，另一方面依靠高级要素培育建立起一大批新兴产业，大力发展高端制造业，进一步强化制造业中心地位。珠三角地区只有在进一步提升其制造业中心地位、真正转型为生产中心、金融中心、贸易中心与服务中心相融合的“世界工厂”之后，区域经济才可能真正走向服务化。

第二，粤东西北地区通过承接产业转移可带动工业化与经济起飞。当前粤东西北地区的工业化与城市化水平较低，但其与珠三角地区之间存在经济互补性。今后可以利用产业梯度差异，大量承接珠三角产业转移，在有条件的地区也可以与珠三角错位承接新一轮的国际产业转移。粤东西北地区在承接产业转移过程中，要结合当地的要素禀赋条件，将承接产业转移与地区资源开发结合起来，培育一批发展潜力较大的产业集群，以工业化带动城镇化，以城镇化深化工业化，通过要素集聚提高地区的产业转移承接力，从而提高外来产业的根植性，培育新的经济增长极，从而形成一批与珠三角地区联动发展的中心地，提高其在区域分工体系中的地位。

第三，政府干预产业布局具有一定的必要性。一方面，珠三角地区经过多年的发展与集聚，已形成比较完善的产业配套，产业集聚的区位黏性对产业转移形成阻力，一些边际产业的转移成本比较高。另一方面，广东不同类型的制造业处于其产业区位生命周期链上不同阶段，当前珠三角产业转移并不意味着珠三角制造业的整体撤离。近年来广东省政府采取的一系列促进产业转移的政策已取得了一定成效，今后政府可通过一些区域政策与产业政策，继续加快区域一体化进程，促进区域分工与合作，引导要素有序流动，以产业集群的模式培育各类产业集聚区，以提高新区位对相关产业的吸引力，从而促进产业有序转移与集聚，优化产业空间结构。

第四，按照产业空间变动规律，科学地构建区域城镇体系。产业集聚与要素流动密切相关，而要素集聚是城镇化的主要内容。目前，广东处于工业化和城镇化加速发展阶段，珠三角地区制造业加快转型升级，一些产业已开始对外转移，而产业转移具有距离衰减规律，因此今后广东可以珠三角地区为中心，由内向外打造更具综合竞争力的珠江三角洲世界级城市群、以潮汕揭同城化为基础的粤东城镇群、以重大产业项目带动的粤西城镇群、依靠中心节点城市辐射作用的粤北城镇群培育区，由此形成现代化的区域城镇体系，提升区域整体竞争力。

参考文献

范剑勇，2004：市场一体化、地区专业化与产业集聚趋势，《中国社会科学》第 6 期。

梁琦，2003：中国工业的区位基尼系数：兼论外商直接投资对制造业集聚的影响，《统计研究》第 9 期。

梁琦，2004：《产业集聚论》，北京：商务印书馆。

梁琦，2009：《分工、集聚与增长》，北京：商务印书馆。

梁琦、刘厚俊，2003：产业区位生命周期理论研究，《南京大学学报》第 5 期。

罗勇、曹丽莉，2005：中国制造业集聚程度变动趋势实证研究，《经济研究》第 8 期。

唐根年、管志伟、秦辉，2009：过度集聚、效率损失与生产要素合理配置研究，《经济学家》第 11 期。

汪彩君、唐根年，2011：长江三角洲地区制造业空间集聚、生产要素拥挤与集聚适度识别研究，《统计研究》第 2 期。

杨洪焦、孙林岩、吴安波，2008：中国制造业聚集度的变动趋势及其影响因素研究，《中国工业经济》第 4 期。

Amiti, M., 1998, New Trade Theories and Industrial Location in the EU: A Survey of the Evidence, *Oxford Review of Economic Policy,* 14, 45-53.

Brulhart, M., 2001, Evolving Geographical Specialisation of European Manufacturing Industries, *Welt Wirschaftliches Archive,* 137(2), 215-243.

Devereux, Michael P., Rachel Giffith and Helen Simpson, 2004, The Geographic Distribution of Production Activity in the UK, *Regional Science and Urban Economics,* 34, 533-564.

Ihara, R. and S. Yamamoto, 2012, *Does Labor Diversity Cause Agglomeration in Japan?: An NEG Approach with a Covariance Structure Analysis,* ERSA Conference Papers.

Krugman, P., 1996, Increasing Returns and Economic Geography, *Journal of Political Economy,* 99(3), 483-499.

Neffkea, F., M. Henningb, R. Boschmac, K. J. Lundquistb and L. O. Olanderb, 2010, The Dynamics of Agglomeration Externalities along the Life Cycle of Industries, *Regional Studies,* 45(1), 49-65.

Porter, Michael E., 1999, *Competitive Strategy,* New York: The Free Press.

Factor Mobility and the Spacial Change of Manufacturing Industry in Guangdong Province

Huang Lichun　Liang Qi

Abstract: We calculated the degree of agglomeration and it's changing of 27 two-digit manufacture industry in Guangdong Province with some index, such as CR_4, spacial gene coefficient and the average agglomeration rate of manufacturing, and verified the theory of Life Circle of Industrial Location. We find that manufacturing industries significantly agglomerate in Guangdong. The industries from high agglomeration level to low agglomeration level are resource-intensive industry-technology-intensive industry-Capital-intensive industry-labor-intensive industry. The manufacturing industry mainly agglomerates in The Pearl River Delta, and there are more labors and capital in the intensely agglomerate areas. Under the influence of industrial transfer of the Pearl River Delta, the agglomeration level of manufacturing industry in Guangdong Province increased firstly and then decreased. Industrial agglomeration is still the main trend of Guangdong's manufacturing industry.

Keywords: factor mobility, indtustrial agglomeration, industrial transfer, life circle of industrial location

中印缅孟经济走廊产业集群研究

梁双陆　梁巧玲[①]

摘　要： 本文基于空间经济学的产业集群模型和波特的产业集群思想研究中印缅孟经济走廊建设。研究发现，现阶段中印缅孟产业合作的重点是矿业、化学工业及皮革纺织业，不断改善的交通基础设施（在建、规划）使中印缅孟合作区已具备构建产业集群的基础和条件，根据矿业的产业内贸易指数和各国的矿业内部行业出口比较优势，以昆明—密支那—雷多—加尔各答经济走廊为对象，提出矿业产业集群布局的建议。

关键词： 中印缅孟经济走廊、空间经济学、产业内贸易、产业集群

中图分类号： F114.43

① 梁双陆、梁巧玲，云南大学发展研究院。本文为教育部人文社会科学研究青年基金项目“中国边疆桥头堡经济研究——基于空间经济学的分析”（10YJC790159）的研究成果之一。云南省中青年学术和技术带头人后备人才项目（W8011303）支持。

一、引　言

2013 年 5 月 20 日，国务院总理李克强访问印度期间，与印度总理辛格共同倡导构建中印缅孟经济走廊的共识，使"中印缅孟"这一区域国际经济合作区从文化交流迅速提升到经济合作层面。

中印缅孟经济走廊将中国的西向开放与印度的东向战略结合起来，把东亚和南亚这两个世界重要的经济增长体连接在一起，将为亚洲经济一体化以及全球增长提供新的动力。《国务院关于支持云南省加快建设面向西南开放重要桥头堡的意见》（国发〔2011〕11 号）明确提出要"建设重要的沿边开放经济带"；"以楚雄、大理、保山、瑞丽等城市为节点，重点发展石油化工、现代物流、农产品替代种植、宝玉石加工和旅游业，推动与环孟加拉湾国家的区域合作"；"积极谋划以保山、腾冲为节点的昆明—密支那经济走廊建设，适度发展钢铁、有色等产业，大力发展现代物流和旅游业"，可以看出，桥头堡建设意见已经为中印缅孟经济走廊建设指出了思路。东南亚、南亚的"国际大通道"，可以将云南从全国的交通末梢、一个不发达的边疆省份走向对外开放的前沿，同时可以促进整个西南地区的资源优势转化为经济优势。中印缅孟经济走廊在地域上包含了中国云南省、缅甸、孟加拉、印度西孟加拉邦、比哈尔邦以及印度东北部各邦。昆明-加尔各答经济走廊有自然资源、农产品富足的优势，也有基础设施薄弱、政治因素影响等劣势。四国发展差异大，产业极差和产业梯度明显，互补性强，产业合作空间大，适宜跨国产业集群的构建，但基础设施薄弱，贸易边界障碍突出。

无论是中印缅孟的产业差异梯度性、经济互补性，还是对中国面向西南开放的战略导向，都要求加快中印缅孟经济走廊建设。各国区域合作的重点是贸易自由化、基础设施建设以及产业园区建设，并以产业集群的模式推进中印缅孟产业合作。克鲁格曼等（1999）通过构建产业集群模型模拟出的理论观点是：如果国家之间产业间的关联性强于产业内的关联性，产业聚集绝不可能维持，因为企业可以从与国内其他产业的企业联系中获取最重要的区位利益，国家倾向于发展多元化的混合经济，如果国家之间产业内的关联性强于产业间的关联性，则产业在地理上的地域性聚集取决于贸易成本，贸易成本很高时，两个产业同时在两个国家分布，但贸易成本下降后，空间聚集开始变得可能，然后成为必然。贸易自由化政策、基础设施建设可以降低贸易成本，为经济走廊产业集群研究提供现实的可能性。本文以产业集群理论、对外贸易理论及产业内贸易理论为基础，研究加快中印缅孟经济走廊建设的路径，以矿业产业集群为例，具体分析中印缅孟经济走廊建设中产业集群的布局。文章剩下部分结构如下：第二部分简述产业集群理论模型及产业集聚与对外贸易模型；第三部分分析中印缅孟产业内贸易指数；第四部分提出中印缅孟经济走廊中的矿业产业集群布局；第五部分是结论与启示。

二、产业集群模型

空间经济学在国际模型基础上拓展出的产业集群模型能够很好揭示出中印缅孟经济合作区厂商区位选择的一般规律。

1. 产业集群理论模型

（1）假设条件

假设存在已完全工业化的两个国家、两个产业、单一生产要素（劳动）；存在两个垄断竞争的制造业部门，不存在农业部门；劳动在国家之间不可流动；双重对称性假设；中间投入品既可以由本产业提供，也可以由其他产业部门提供；α 表示来自本产业占总成本的投入品份额，γ 表示来自其他产业所占份额，β 表示劳动力所占份额，且 $\alpha+\beta+\gamma=1$，$\alpha>\gamma$ 表示产业内联系强于产业间联系；选择适当单位使边际投入等于价格成本加成（$c=\rho$）；均衡时企业规模 $q^{*}=1/\beta$，w^{1},w^{2} 为国内每个产业工资率，$w^{i}\lambda^{i}=\beta n^{i}p^{i}q^{*}=n^{i}p^{i}$。

（2）两个产业的价格方程、价格指数方程、工资方程及支出方程：

价格 p^{i} 运用柯布道格拉斯技术表示：$\begin{cases} p^{1}=\left(w^{1}\right)^{\beta}\left(G^{1}\right)^{\alpha}\left(G^{2}\right)^{\gamma} \\ p^{2}=\left(w^{2}\right)^{\beta}\left(G^{2}\right)^{\alpha}\left(G^{1}\right)^{\gamma} \end{cases}$；

价格指数方程：

$$\begin{cases} G^1=\left[\lambda^1\left(w^1\right)^{1-\beta\sigma}\left(G^1\right)^{-\alpha\sigma}\left(G^2\right)^{-\gamma\sigma}+\tilde{\lambda}^1\left(\tilde{w}^1\right)^{1-\beta\sigma}\left(\tilde{G}^1\right)^{-\alpha\sigma}\left(\tilde{G}^2\right)^{-\gamma\sigma}T^{1-\sigma}\right]^{1-\sigma} \\ G^2=\left[\lambda^2\left(w^2\right)^{1-\beta\sigma}\left(G^2\right)^{-\alpha\sigma}\left(G^1\right)^{-\gamma\sigma}+\tilde{\lambda}^2\left(\tilde{w}^2\right)^{1-\beta\sigma}\left(\tilde{G}^2\right)^{-\alpha\sigma}\left(\tilde{G}^1\right)^{-\gamma\sigma}T^{1-\sigma}\right]^{1-\sigma} \end{cases};$$

每个价格指数均取决于两个国家的两种产业的价格指数，因为它们都进入制造业的成本和价格。参数上方的“~”表示外国。

工资方程：

$$\begin{cases} \left[\left(w^1\right)^{\beta}\left(G^1\right)^{\alpha}\left(G^2\right)^{\gamma}\right]^{\sigma}=\beta\left[E^1\left(G^1\right)^{\sigma-1}+\tilde{E}^1\left(\tilde{G}^1\right)^{\sigma-1}T^{1-\sigma}\right] \\ \left[\left(w^2\right)^{\beta}\left(G^2\right)^{\alpha}\left(G^1\right)^{\gamma}\right]^{\sigma}=\beta\left[E^2\left(G^2\right)^{\sigma-1}+\tilde{E}^2\left(\tilde{G}^2\right)^{\sigma-1}T^{1-\sigma}\right] \end{cases};$$

这种工资水平是在产品价格给定的基础上，且产业内各企业利润为0。

支出方程：

$$\begin{cases} E^1=\left[\dfrac{w^1\lambda^1+w^2\lambda^2}{2}\right]+\left[\dfrac{\alpha w^1\lambda^1+\gamma w^2\lambda^2}{\beta}\right] \\ E^2=\left[\dfrac{w^1\lambda^1+w^2\lambda^2}{2}\right]+\left[\dfrac{\alpha w^2\lambda^2+\gamma w^1\lambda^1}{\beta}\right] \end{cases};$$

收入等于每个产业部门的工资总额，等式右边第一个方括号表示消费者偏好使得收入平均分配在两种产品的消费上；第二个方括号表示对中间投入品的需求取决于每个产业的工资和技术参数。

（3）集聚的稳定性分析

假设：产业1先集中于本国，产业2则集中于外国，即

$\lambda^1=\tilde{\lambda}^2=1,\lambda^2=\tilde{\lambda}^1=0$。假设存在双重对称性，即

$G^1=\tilde{G}^2,G^2=\tilde{G}^1,E^1=\tilde{E}^2,E^2=\tilde{E}^1,w^1=\tilde{w}^2,w^2=\tilde{w}^1$。

得出 $\left(\dfrac{w^2}{w^1}\right)^{\beta\sigma}T^{(\alpha-\gamma)\sigma}=\left[\dfrac{\tilde{E}^2T^{1-\sigma}+E^2T^{\sigma-1}}{\tilde{E}^1+E^1}\right]$

$\text{n}\alpha+\beta+\gamma=1,\therefore E^1=\tilde{E}^2=w^1\left(\dfrac{1}{2}+\dfrac{\alpha}{\beta}\right),E^2=\tilde{E}^1=w^1\left(\dfrac{1}{2}+\dfrac{\gamma}{\beta}\right)$

得出产业集群的支撑条件为：

$$\left(\frac{w^2}{w^1}\right)^{\beta}=T^{-(\alpha-\gamma)}\left[\frac{1+\alpha-\gamma}{2}T^{1-\sigma}+\frac{1-\alpha+\gamma}{2}T^{\sigma-1}\right]^{1/\sigma}$$

如果$w^2\leq w^1$时，本国产业 1 的集聚可以维持。等式右边方括号外面的项反映前向关联，如果产业 1 在国外建厂，那么来自产业 1 的投入要贵得多，而来自产业 2 的投入要便宜得多；方括号内的部分反映后向关联，其中本国对产业 1 的支出占世界总支出额的$(1+\alpha-\gamma)/2$，对产业 2 的支出占$(1+\gamma-\alpha)/2$。如果$\alpha-\gamma<0$，即产业内联系强于产业间联系，对于所有 T>1，等式右边均大于 1，集聚不可能维持下去：因为企业可以从其他关联企业获得利益，国家倾向于发展多元化产业的混合经济。相反，如果$\alpha-\gamma>0$，即产业内联系强于产业间联系，在一个足够小的 T 值下，产业集聚可以维持。在$\alpha-\gamma<\rho=(\sigma-1)/\sigma$条件（非黑洞条件）下，$\alpha-\gamma$越大，使集聚支撑下去的 T 值范围越大。

（4）对称均衡瓦解

假设在对称均衡处，$\lambda^1=\lambda^2=1/2$，可以计算得出

$w=1,E=1/2\beta,G^{1-\sigma\beta}=T^{1-\sigma}/2$.

对于每个变量，本国产业 1 增长，便伴随着产业 2 及外国产业 1 的下降，即：

$$d\lambda\equiv d\lambda^1=d\tilde{\lambda}^2=-d\lambda^2=-d\tilde{\lambda}^1$$

得出产业集聚的突破点：

$$\therefore\frac{dw}{d\lambda}=-\frac{Z}{\lambda\Delta}\left\{\frac{(\alpha-\gamma)(1+\rho)-Z\left[(\alpha-\gamma)^2+\rho\right]}{1-\rho}\right\}$$，其中

$$\Delta=\sigma(1\text{-}\sigma)\ \beta+Z(\alpha-\gamma)(2\sigma-1)-Z^2\left[\sigma(\alpha-\gamma)^2-(\sigma-1)(\beta\sigma-1)\right],Z=\left(1-T^{1-\sigma}\right)/\left(1+T^{1-\sigma}\right)$$

当$\rho<\alpha-\gamma$时，$\Delta<0$；

当$T^{\rho(1-\rho)}=\dfrac{(\rho+\alpha-\gamma)(1+\alpha-\gamma)}{(\rho-\alpha+\gamma)(1-\alpha+\gamma)}$时，$\dfrac{dw}{d\lambda}=0$。

当$dw/d\lambda$为负时，对称均衡稳定。$0\leq Z\leq 1$，Z=0 为自由贸易，Z=1 为封闭经济。当 Z 趋向于 0 时，$dw/d\lambda$大于 0，对称均衡不稳定；当 Z 趋向于 1，$\rho<\alpha-\gamma$时，$dw/d\lambda$大于 0，对称均衡不稳定；Z 趋向于 1，$\rho>\alpha-\gamma$（满足非黑洞条件）时，当运输成本足够高时，对称均衡稳定。

2. 产业集聚与对外贸易

在产业集群的理论模型中，产业之间相互关联产生了向心力；企业因更接近上游企业和顾客而获利；每个地区消费者的最终需求产生离心力。而对外贸易会弱化这两种力，因为企业会更多使用进口中间品，并将更多产品用于出口。

产业集聚与对外贸易模型的结论是：当国内两个地区存在层级结构，各地区人口不等，产业结构不同时，贸易自由化在使人口分散的同时，也会促进产业集聚。

假设条件：在国内人口分布不变，两个产业部门，三个地区（两个国内地区和一个国外地区），上标表示产业部门，下标表示地区，如 L_j^i；假设国外两产业部门所雇用劳动相等，即 $L_0^1 = L_0^2 = \frac{1}{2}L_0$；国内每个地区人口都是固定的，且为总人口的一半，即 $L_j^1 = L_j^2 = 0.5$；同地区内所有工人面临的生活消费指数一样；国内地区劳动力根据工资差流动，国家间劳动力不可流动；两个产业有相同的对内成本 T_o 和对外成本 T_0。

每个地区产业价格指数方程、工资方程和支出方程为：

$$\left(G_j^i\right)^{1-\sigma} = \sum_{k=0,1,2} L_k^i \left(w_k^i\right)^{1-\beta\sigma} \left(G_k^i\right)^{-\alpha\sigma} \left(T_{kj}^i\right)^{1-\sigma};$$

$$\left(w_j^i\right)^{\beta\sigma} \left(G_j^i\right)^{\alpha\sigma} = \beta \sum_{k=0,1,2} \left(G_k^i\right)^{\sigma-1} E_k^i \left(T_{kj}^i\right)^{1-\sigma};$$

同时，产业 i 在地区 j 的支出方程为：

$$E_j^i = \left[\frac{w_j^1 L_j^1 + w_j^2 L_j^2}{2}\right] + \frac{\alpha w_j^2 L_j^2}{\beta}$$

以上的三个方程与产业集群理论模型类似，这里只是加入一个国外地区，并且令 $\gamma = 0$。

得出对称均衡瓦解的条件：

$$\frac{dw}{dL}\frac{L}{w} = \frac{Z}{\Delta}\left[\frac{\alpha(1+\rho) - Z\left(\alpha^2 + \rho\right)}{1-\rho}\right],$$

其中，L 是 L_j^i 在对称均衡点上的值，并且此时

$$\Delta > 0, Z = L\left(\frac{G}{w}\right)^{\beta\sigma-1}\left(1 - T^{1-\sigma}\right)。$$

dw/dL 在 Z 较小时为正，在 Z 趋向 1 时为负（其中，Z 随 T 的增加而增加）。所以，减少内部、外部贸易壁垒，就可以使经济通过对称均衡突破点，此时 dw/dL 由负变为正。经济越开放（L_0 越高 T_0 越低），均衡趋于不稳定。正如产业集群理论模型得出，即使经济是封闭的，T 也总会有取值要低于其在对称均衡突破点时的值，使得均衡不稳定。对外贸易自由化使厂商、消费者会变得更加外向化，消费者会更少依赖当地厂商，最终使得对称均衡被打破，从而发生产业集聚。

3. 波特的产业集群思想

产业集群就是在某一特定领域内互相联系的公司和机构在地理位置上的集中。包含一系列相互关联的产业，以及其他对竞争很重要的机构，比如零件、设备、服务等专业化投入供应商和专门的基础设施建设的提供者。集群通常会向下延伸到下游的渠道和顾客，也会侧向延伸到互补性产品的制造商以及和本产业内有关的技能、科技、或者共同原料投入的公司。集群还包括政府和其他机构——大学、标准设定机构、智囊团、职业培训中心以及贸易组织等——提供专业的训练、教育、资讯、研究以及技术支援的机构（波特，1998，1990）。因此，产业集群包括三个层次的企业和相关组织：一是垂直关联的供应商、分包商、咨询机构等；二是水平关联的拥有相似技术、劳动力市场或企业战略的竞争者或合作者；三是提供知识与技能、制度供给的专有性的准公共服务部门，如大学、国家实验室、政府及其他提供专业化培训、信息、研究开发、标准制定和政策制定的机构等。产业集群常常由于历史的原因开始于非正常的、挑剔的或银根紧的当地需求条件，并且必须在原有的产业集群的基础上延伸出新的产业集群，而不是建立一个全新的产业集群。产业集群一旦形成就会发挥自我强化的机制（波特，1998）。

三、中印缅孟产业内贸易指数分析

最早关于产业内贸易的研究是丰多恩（Verdoorn）（1960）对“荷比卢经济同盟”的研究，后来有巴拉萨（Balassa）（1963、1966）关于欧共体（EEC）成员国之间在同一产业内部的专业化分工和贸易方式的研究。产业内贸易（IIT）是国际产业分工的贸易形式，一种产业内联系强于产业间联系的贸易模式；是一种双向贸易，是一个国家或地区、在一段时间内、同一产业部门产品同时存在进口和出口的现象，还包括中间产品的贸易，即某项产品的半制成品、零部件在两国间的贸易。产业间贸易反映了产业间的比较优势，而产业内贸易则反映了一种产业内的关联性（Krugman，1980)，与国家的相对规模以及要素禀赋的差异有关（Helpman，1984）。测算产业内贸易指数是为了反映两国贸易中的产业内联系。大量的研究（马剑飞等，2002；林琳，2005等）认为，当产业内贸易指数大于 0.5 时，认为两国贸易以产业内贸易为主，即产业内联系强于产业间联系。根据国民经济行业分类（HS2002 版），装备制造业包含第十六类（机电产品）、第十七类（运输设备）和第十八类（仪器仪表及钟表乐器）；矿业包含第五类（矿产品）、第十三类（非金属材料）、第十四类（贵金属）和第十五类（贱金属及其制品）；化学工业包含第六类（化学工业及其相关工业）和第七类（塑料、橡胶及其制品）；皮革纺织工业包含第八类（皮革制品）、第十一类（纺织原料及纺织制品）和第十二类（鞋、帽、伞、羽毛等制品）；木材加工业包含第九类（木及木制品）和第十类（木浆及相关制品）；农业包括第一类（动物产品）、第二类（植物产品）、第三类（动植物油）及第四类（食品加工业）。本文应用格鲁贝尔和罗雅德（Grubel and Lloyd）(1975)产业内贸易指数对中印、中孟、中缅、印孟及印缅的产业内贸易进行分析。

1. 中印缅孟分行业产业内贸易现状

中印缅孟具有产业内贸易的行业比较少，主要集中在农业、矿业、木材加工业、皮革纺织工业、化学工业等基础产业领域，反映出经济发展阶段差异性所导致的产业内贸易程度低的问题。

（1）中印产业内贸易指数较高的是矿业、皮革纺织业及化学工业。

中印在双边贸易过程中，农业、矿业、化学工业、木材加工业及皮革纺织业均存在产业内贸易现象。化学工业及木材加工业产业内贸易指数逐年降低，化学工业在2007年以后、木材加工业在2005年以后从以产业内贸易为主转变为产业间贸易为主，说明两国在这两种产业的生产专业化技术差距在不断扩大。产业内贸易最显著的是皮革纺织业及矿业，农业产业内贸易指数波动幅度较大（见表1）。从贸易规模看中印贸易规模最大的是矿业，平均贸易规模达39.21%，但贸易规模在逐年降低，从2003年44.5%的规模降到2011年的30.2%；其次是装备制造业，平均贸易规模为29.6%，且逐年增加；再次是化学工业和皮革纺织业，平均贸易规模分别为17.2%、10.1%。因此，中印产业合作的重点及合作空间较大的产业是矿业、皮革纺织业及化学工业。

表1 中印产业内贸易指数超过0.5的产业

GL	2003	2004	2005	2006	2007	2008	2009	2010	2011
农业	0.676	0.468	0.424	0.445	0.461	0.454	0.779	0.543	0.469
矿业	0.327	0.332	0.371	0.603	0.579	0.501	0.500	0.564	0.658
化学工业	0.926	0.951	0.858	0.735	0.289	0.401	0.382	0.299	0.320
木材加工业	0.532	0.773	0.103	0.119	0.076	0.029	0.038	0.037	0.027
皮革纺织工业	0.591	0.614	0.515	0.867	0.814	0.787	0.619	0.869	0.962

资料来源：根据联合国贸易统计数据库进行分类合并和测算。

（2）中缅产业内贸易指数较高的是矿业。

中缅双边贸易过程中，产业内贸易显著的是农业及矿业。矿业的产业内贸易指数有逐年增加的趋势，且贸易规模较大，逐年递增，从 2003 年 17.1% 的贸易规模增加到 2011 年的 34.5%，平均贸易规模为 24.6%。农业的产业内贸易虽然显著，但贸易规模较小，平均贸易规模仅为 7.2%。而中缅贸易规模最大的是装备制造业，平均贸易规模达到 33.6%，以产业间贸易为主，主要表现为中国大规模向缅甸出口机电产品等。因此，中缅产业合作的重点且合作空间较大的是矿业（见表 2）。

表 2　中缅产业内贸易指数超过 0.5 的产业

GL	2003	2004	2005	2006	2007	2008	2009	2010	2011
农业	0.733	0.666	0.722	0.510	0.953	0.435	0.612	0.540	0.868
矿业	0.204	0.214	0.244	0.161	0.228	0.381	0.677	0.701	0.967

资料来源：根据联合国贸易统计数据库进行分类合并和测算。

（3）中孟以产业间贸易为主。

中孟贸易之间以产业间贸易为主，贸易规模最大的皮革纺织业，平均贸易比重达 48.6%，但贸易规模逐年降低；其次是装备制造业，平均贸易比重为 25.7%，贸易规模逐年增加，均表现为中国向孟加拉国大规模出口。

（4）印孟产业内贸易指数较高的是矿业和化学工业。

印孟双边贸易基本以产业间贸易为主，仅有矿业和化学工业中有一年或两年的产业内贸易指数超过 0.5。印度与孟加拉贸易规模最大的是农业，平均贸易规模为 32.7%，贸易规模逐年降低；其次是皮革纺织业，平均贸易规模 25%，规模逐年增加；再次是矿业和装备制造业，平均贸易规模分别为 16.6%、12%，均表现为印度有较大规模的出口。因此，印孟产业合作重点及空间较大的是矿业及化学工业。

表 3　印孟产业内贸易指数超过 0.5 的产业

GL	2003	2004	2005	2006	2007	2008	2009	2010	2011
矿业	0.017	0.010	0.019	0.161	0.157	0.268	0.158	0.424	0.502
化学工业	0.271	0.286	0.421	0.508	0.561	0.447	0.178	0.055	0.108

资料来源：根据联合国贸易统计数据库进行分类合并和测算。

（5）印缅产业内贸易指数较高的是皮革纺织工业。

印缅双边贸易中主要为产业间贸易，产业内贸易较明显的是皮革纺织业，但其贸易规模很小，产业合作的空间很小。印缅贸易规模最大的是农业，平均贸易规模达48.6%，其次是木材加工业，平均贸易规模为33.9%。

表4 印缅产业内贸易指数超过0.5的产业

GL	2003	2004	2005	2006	2007	2008	2009	2010	2011
皮革纺织工业	0.367	0.143	0.768	0.713	0.499	0.266	0.255	0.500	0.367

资料来源：根据联合国贸易统计数据库进行分类合并和测算。

综上所述，中印、中孟、中缅、印孟及印缅之间产业内贸易显著且产业合作空间较大的产业主要是矿业，其次是化学工业及皮革纺织工业；在装备制造业方面几乎为完全产业间贸易，主要表现为中国向印度、孟加拉、缅甸大规模出口，印度向孟加拉也有较大规模的出口。

2. 中印缅孟矿业产业内贸易现状

鉴于矿业是中印缅孟经济合作区产业内贸易指数都较高的行业，本文专门针对矿业，运用修定的GL指数[①]进行内部行业（HS2002中两位数、三位数的矿业）的产业内贸易进行分析，发现矿业内部行业的产业内贸易仍然显著，且呈现明显的产业梯度，构建产业集群的条件优越。

（1）从两位数看，中国和印度具有矿产品加工制造优势，缅甸和孟加拉具有采掘业优势。

中印矿业贸易中，中国在非金属矿产及原料和贱金属及其制品生产出口上具有比较优势，印度在矿产品及贵金属出口中具有比较优势。中孟贸易中，中国在矿业所有的产品中都具有比较优势；中缅贸易中，中国在非金属矿产及原料和贱金属及其制品生产出口中具有比较优势；缅甸在贵金属中具有出口比较优势，这与缅甸为世界主要的翡翠出口国有关，矿产品则在2009年后表现出出口比较优势（见表5）。并且中印矿业贸易中，产业内贸易较显著的是贱金属及其制品，而中缅矿业贸易中产业内贸易显著的是矿产品贸易。

① 在Grubel和Lloyd（1975）指数基础修定为：$GL_i = \frac{X_i - M_i}{X_i + M_i}$，GL指数越接近于0，说明产业内贸易越明显，反之产业间贸易越明显；$0 \le |GL| \le 0.5$，以产业内贸易为主；$0.5 < |GL| \le 1$，以产业间贸易为主。基于比较优势理论，GL>0为报告国具有出口比较优势，GL<0为合作国具有出口比较优势。报告国与合作国的含义是：中印、中孟、中缅、印孟及印缅，前者为报告国，后者为合作国，即中印、中孟、中缅中的中国为报告国，印孟、印缅中的印度为报告国。

表 5　中国与印度、孟加拉、缅甸矿业贸易

年份/GL 指数	中印				中孟				中缅			
	2003	2007	2009	2011	2003	2007	2009	2011	2003	2007	2009	2011
第五类 矿产品	-0.693	-0.919	-0.924	-0.861	0.968	1.000	0.939	0.221	0.572	0.430	-0.252	-0.275
第十三类 非金属矿产及原料	0.882	0.816	0.788	0.851	0.987	0.996	0.993	1.000	0.985	0.967	0.973	0.987
第十四类 宝石等贵金属	-0.662	-0.444	-0.663	-0.845	0.995	1.000	1.000	1.000	-0.999	-0.993	-0.999	-1.000
第十五类 贱金属及其制品	-0.726	0.517	0.313	0.334	1.000	0.968	1.000	1.000	0.998	0.984	0.984	0.998

资料来源：根据联合国贸易统计数据库进行分类和测算。

印度在与孟加拉、缅甸贸易中，印度在所有矿业产品出口中均具有比较优势（表 6）。印孟贸易中，矿产品产业内贸易不明显，但其产业内贸易指数逐年递增；非金属矿产及原料产业内贸易显著。印缅贸易中，矿产品及非金属矿产产业内贸易指数逐年增加，说明印缅贸易中生产专业化及技术差距不断缩小，贵金属产业内贸易显著。

表 6　印度与孟加拉、缅甸矿业贸易

年份/GL 指数	印孟					印缅				
	2003	2005	2007	2009	2011	2003	2005	2007	2009	2011
第五类 矿产品	0.955	0.990	0.940	0.851	0.531	1.000	1.000	0.894	1.000	-0.163
第十三类 非金属矿产及原料	0.985	0.963	-0.235	0.140	0.526	0.795	0.847	0.964	0.998	0.405
第十四类 宝石等贵金属	1.000	1.000	0.988	1.000	1.000	0.840	0.194	0.341	-0.391	0.656
第十五类 贱金属及其制品	0.999	0.971	0.723	0.860	0.427	0.993	0.982	1.000	0.995	0.898

资料来源：根据联合国贸易统计数据库进行分类和测算。

（2）从三位数看，中国具有制造优势，印度具有加工优势，缅甸和孟加拉具有采掘优势。

从 HS 的三位数矿产品贸易分类看，印度比较优势出口铜及其制品，从比较优势出口钢铁转为比较劣势；中国比较优势出口钢铁制品、镍及其制品、铝及其制品、锡及其制品、其他贱金属陶瓷及其制品、贱金属工具及贱金属杂项制品，从比较优势铅及其制品和锌及其制品转变为比较劣势；从中缅矿

产品产业内贸易指数分析看，第25章（盐、硫酸等）产业内贸易依然显著，但比较优势出口的仍是中国，中国还比较优势出口矿物燃料、矿物油及其蒸馏产品，缅甸比较优势出口矿石、矿渣及矿灰；从印缅非金属矿产及原料产业内贸易指数分析看，均表现为印度比较优势出口石料、石膏、云母等非金属矿产制品、陶瓷产品及玻璃制品（见表7）。

表7　中印贱金属及其制品、中缅矿产品及印缅非金属矿产及原料产业内贸易

GL指数	2003	2005	2007	2009	2011	GL指数	2003	2005	2007	2009	2011
25	-0.146	-0.147	0.365	0.343	0.533	75	0.926	0.878	0.917	0.965	0.966
26	-0.998	-1.000	-1.000	-0.999	-0.996	76	0.156	0.533	0.971	-0.087	0.882
27	0.999	0.992	0.995	0.182	0.371	78	0.991	1.000	1.000	-0.652	-0.171
68	1.000	0.698	0.903	0.978	-0.478	79	1.000	0.549	0.828	-0.957	-0.772
69	1.000	0.832	0.806	0.997	0.526	80	0.712	0.090	0.077	0.621	0.923
70	0.776	1.000	1.000	1.000	0.506	81	0.997	0.978	0.988	0.990	0.987
72	-0.960	-0.544	0.599	0.149	0.700	82	0.599	0.767	0.813	0.866	0.926
73	0.790	0.955	0.981	0.959	0.945	83	0.923	0.956	0.940	0.907	0.887
74	-0.745	-0.623	-0.736	-0.610	-0.829						

资料来源：根据联合国贸易统计数据库测算。说明：矿产品（25-27）：25（盐、硫磺；泥土及石料；石膏料、石灰及水泥）、26（矿石、矿渣及矿灰）、27（矿物燃料、矿物油及其蒸馏产品）；非金属矿产及原料制品（68-70）：68（石料、石膏、水泥、石棉、云母及类似材料的制品）、69（陶瓷产品）、70（玻璃及其制品）；贱金属及其制品（72-83）：72（钢铁）、73（钢铁制品）、74（铜及其制品）、75（镍及其制品）、76（铝及其制品）、78（铅及其制品）、79（锌及其制品）、80（锡及其制品）、81（其他贱金属、金属陶瓷及其制品）、82（贱金属工具、器具等）、83（贱金属杂项制品）。

四、中印缅孟经济走廊矿业产业集群布局

矿业是指以矿产资源为对象的采掘、冶炼、压延加工和材料制造等工业，矿产资源包括能源矿产、金属矿产和非金属矿产。矿业产业集群是指以矿产资源[①]为对象的采掘、冶炼与加工工业。矿业集群产业链上游为矿产原料，比

① 这里的矿产资源是根据联合国商品贸易数据库分类，包含第五类矿产品、第十三类非金属石料、石膏等制品、第十四类贵金属及其制品、以及第十五类贱金属及其制品。

如第五类矿产品及金属、非金属原料；中游为矿业初加工，比如金属、非金属初加工制品；下游为矿业深加工冶炼制品及研发、销售、顾客与渠道；相关配套的企业和机构有大学、研究院及相关制造业企业，比如装备制造业的机电、运输设备制造业。从以上矿业及内部行业的产业内贸易看，中印缅孟的矿业及内部行业符合产业集群理论的地域性聚集和专业性分工的特征，中印缅孟经济走廊适宜构建矿业产业集群。

1. 中印缅孟交通经济走廊

中印缅孟自古相互合作贸易，“南方丝绸之路”、“茶马古道”是云南及中国西南地区与南亚沟通的贸易通道。现代的中缅公路、中印公路（史迪威公路）和驼峰航线作为中国抗战时期的物资运输通道将中印缅孟四国连接起来。G56、G320 公路是经济走廊中以昆明、楚雄、大理、保山、瑞丽为城市节点的重要交通支撑。中印缅孟交通经济走廊，在云南省境内以昆明、楚雄、大理、保山、瑞丽、腾冲、临沧为城市节点构建以交通为基础的出境国际通道。出境口岸主要有瑞丽口岸、猴桥口岸、清水河口岸、章凤口岸及畹町口岸。缅甸境内以密支那、腊戍、曼德勒、皎漂、仰光为城市节点，以密支那、曼德勒为节点构建通往印度、孟加拉的国际大通道；以皎漂港、仰光港为港口码头通向南亚、东南亚国家。孟加拉境内主要以吉大港、锡尔赫特市及达卡市为城市节点。印度东北部主要以阿萨姆邦丁苏吉亚、梅加拉亚邦、米佐拉姆邦、特里普拉邦阿加尔塔拉，印度东部西孟加拉邦加尔各答、英吉利巴扎尔、比哈尔邦巴特那为城市节点。大致有以下 5 条以交通为基础的国际大通道，通道由铁路、公路、海运、油气管道组成：

（1）昆明—楚雄—大理—保山—猴桥（腾冲）—密支那（缅甸）—雷多（印度）—丁苏吉亚（阿萨姆邦）—锡尔赫特市（孟加拉）—达卡—加尔各答（西孟加拉邦）或经英吉利巴扎尔（西孟加拉邦）到巴特那（比哈尔邦）。这条通道主要是以史迪威公路为主，在密支那—龙陵之间有两条南北走向，以上为北上经甘拜地，南下为密支那—八莫南坎—中国畹町（瑞丽）—龙陵。在八莫又可以直接与云南章凤口岸相通，八莫—章凤公路已通车。该通道曾是史迪威公路的一条支线，是我国与缅甸北部、印度客货运输的主要通道，是昆明—加尔各答经济走廊的重要支撑。该公路已通车，但需改造升级。保山—腾冲高速公路在建，部分段与 G56 杭瑞高速重合，腾冲—猴桥为二级公路，缅甸境内猴桥—密支那段为我国援建二级公路，密支那—雷多段公路等级低、路况差。未来该通道需新建芒市—猴桥铁路，改建腾冲—猴桥为高速公路，推动建设猴桥密支那—雷多铁路，改建密支那—雷多公路，提高技术等级。该通道建成后，将成为我国与印度以及第三亚欧大陆桥的主要综合运输通道。

（2）昆明—楚雄—大理—保山—瑞丽—木姐（缅甸）—腊戍—曼德勒—吉大港（孟加拉）—加尔各答（印度），或曼德勒—达卡或巴特那。该公路正在前期规划中，建成后，是通往印度等南亚国家的重要通道，是中印缅孟经济走廊的重要支撑。

（3）昆明—楚雄—大理—保山—瑞丽—木姐（缅甸）—腊戍—曼德勒—皎漂港—南亚国家。全长1600km，由铁路、高速公路、输油气管道组成，该通道是我国桥头堡建设打通印度洋的战略通道。

（4）昆明—楚雄—大理—保山—瑞丽—木姐（缅甸）—腊戍—曼德勒—仰光—东南亚国家。是泛亚铁路西线的一段，是中国面向东南亚的出海口。

（5）昆明—楚雄—祥云（大理）—清水河（临沧）—腊戍—曼德勒。该通道连接缅甸路网，是我国与缅甸中南部客货运输的主要通道。祥云—清水河需新建铁路，公路有昆明—祥云—云县—临沧—清水河及昆明—玉溪—新平—镇沅—临沧两条主要线路，目前祥云—云县—临沧为二级路为主的高等级公路，临沧—清水河段为省道S319，清水河—腊戍段公路等级很低，腊戍—曼德勒—仰光段为二级、三级等级公路，缅甸境内，腊戍是缅甸米轨铁路网末端。这条通道将形成我国与缅甸之间的一条主要综合运输通道。

2. 昆明—密支那—雷多—加尔各答矿业产业集群布局

中印缅孟经济走廊建设倡议中，提出中印缅孟经济合作的重点是贸易自由化、基础设施建设及产业园区建设。根据产业集群理论模型，产业内联系强于产业间联系（产业内贸易指数大于0.5），在维持较低贸易成本时，产业集群可以得到维持；贸易的自由化（降低贸易成本）可以促进产业集群的形成。根据测算的中印缅孟矿业产业内贸易指数及贸易规模，矿业的产业内贸易指数较高且贸易规模较大。且中印缅孟已有的交通基础设施及国家间有望推进中印缅孟贸易自由化的政策，为中印缅孟经济走廊构建矿业产业集群提供现实的可能性。矿业产业集群的布局以波特产业集群理论为基础，从垂直产业链分工角度深化发展矿业产业集群。产业集群的基础本身就是一个分工的协作生产网络，它的成长必须经历不断的分工与专业化，如意大利东北部的服装及制造业、丹麦的家具业、瑞士的制表业和奶业，这些传统产业集群的成长与发展都是源自于深度的分工与专业化的结果。分工协作使得交易费用下降、产品质量提高。产业集群内企业的分工协作网络，表现为产品生产按价值链分工协作，一种产品增值的不同环节由不同企业单独完成，即从上游的原材料、设备、零部件生产、装配，到下游的销售、研究开发过程，及其每个过程的中间环节大都是由不同企业及机构来完成。产业集群的专业化分工可以提高整体产业生产率，降低区域产业运行成本。企业必须立足自身资源，选择生产价值链中最能发挥自身优势的生产环节，达到区域合理分工和效益最大化；制定相关政策，扶持不同类型的中小企业更快发展，引导中小企业与大企业配套，同类企业通过产业联盟形成专业化协作。

在中印缅孟经济走廊建设中，可重点布局昆明—猴桥—密支那（缅甸）—丁苏吉亚（印度）—达卡（孟加拉）—加尔各答（印度）经济走廊的矿业产业集群。根据垂直产业链分工，可在云南境内，昆明、楚雄、大理、保山等地布局产业集群下游的相关配套装备制造业，比如机电、运输设备制造业，以及矿业下游的深加工环节。在昆明等地布局生产非金属石料制品、贱金属制品（钢铁制品、镍、铝、锡、锌制品制造业及贱金属器具生产制造业）、贵金属深加工制造业；在腾冲猴桥布局宝玉石等，如翡翠、宝石等深加工制造业。相对缅甸、印度，中国云南具有较强的后向关联效应，有较大的需求市场，可以带动矿业的研发与销售。加上昆明有云南许多高等学府，有完善的政策制定基础，配套矿业的发展，因此，应在昆明布局矿业的最下游的销售网络及研发部门。在缅甸密支那、曼德勒等地，依托密支那丰富的宝玉石资源及其他自然资源，布局宝玉石等贵金属、矿产品、贱金属、非金属原料的采掘初加工工业。在印度雷多、丁苏吉亚等欠发达地区，源于产业基础配套设施的薄弱，布局矿业的上游粗加工工业，如铜业、宝玉石初加工等；在加尔各答、巴特那较发达地区，依托当地较为发达的金融服务业，以及特殊的港口城市的区位优势，布局矿业中游加工贸易、深加工环节。孟加拉国濒临孟加拉湾，依托吉大港等港口城市的区位优势，及达卡较为发达的首都城市，在吉大港、达卡等城市布局矿业中游的加工贸易环节及矿业上游的采掘与初加工工业生产环节。

五、结论与启示

李克强总理与辛格总理的中印缅孟经济走廊倡议中，经济合作的重点是贸易自由化、基础设施建设和产业园区建设。贸易自由化、基础设施建设可以降低各国贸易成本，产业园区建设满足产业集群的地域性集聚特性。产业集群理论模型认为当产业内联系强于产业间联系(即产业内贸易指数大于 0.5)时，在贸易成本较低的条件下，产业集聚可以维持，在具有层级结构的地区间，贸易自由化可以使人口分散化的同时，也促进了产业集聚。正如产业集群理论模型所揭示的，即使经济是封闭的，冰山运输成本也总会有取值要低于其在对称均衡突破点时的值，使得均衡不稳定，导致产业集聚。对外贸易自由化使厂商、消费者变得更加外向化，消费者会更少依赖当地厂商，最终使得对称均衡被打破，从而发生产业集聚。

通过测算中印、中孟、中缅、印缅、印孟各产业的产业内贸易指数，发现中印产业合作的重点是矿业、皮革纺织业及化学工业；中缅产业合作的重点是矿业；中孟主要是产业间贸易，且规模最大的是皮革纺织业；印孟产业合作的重点是矿业、化学工业；印缅产业合作的重点是皮革纺织业。因此，中印缅孟产业合作的重点是矿业、皮革纺织业及化学工业。

通过对中印缅孟四国矿业产业内贸易及出口比较优势进一步的分析发现，中国比较优势出口非金属矿产制品、贱金属及其制品；印度、缅甸比较优势出口矿产品（尤其是矿石、矿灰）和贵金属；孟加拉国相对中国、印度、缅甸，处于出口的比较劣势，应发挥其有利的区位优势，为各国提供加工贸易服务及物流中转服务。根据垂直产业链分工，以波特产业集群理论为基础，布局昆明—密支那—雷多—加尔各答经济走廊矿业产业集群。在昆明等地布局矿业最下游生产环节及相关配套的装备制造业（如机电、运输制造业），以及矿业最下游的销售和研发网络，充分发挥当地强大的后向关联效应；在缅甸密支那及印度雷多等东北部地区布局矿业最上游的矿产资源采掘工业及初加工工业；在孟加拉中心城市达卡、吉大港，印度加尔各答、巴特那等城市布局矿业中游及中下游生产环节、及加工贸易生产环节，充分发挥当地区位优势及金融服务优势。

本文研究中印缅孟产业集群时，存在以下的缺陷：一是针对产业集群模型中当$\alpha-\gamma>0$时，即产业内联系强于产业间联系时，由于篇幅的限制，这里应用的是格鲁贝尔和李罗亚德（Grubel and Lloyd）(1975)静态产业内贸易指数分析，并没有解决贸易动态性及贸易失衡的问题；二是应用的空间经济学产业集群模型，该模型应用了对称性解释，这与中印缅孟实际问题不符；三是没有将贸易成本进行指数化分析。未来的研究可从以下三个方面作进一步的改进：一是由于中印缅孟各国贸易失衡较严重，应结合贸易失衡调整指数分析各国产业内贸易现状与特征；二是放宽产业集群双重对称性，使其更符合中印缅孟各国的现实状况；三是结合交通运输成本、贸易开放度、贸易壁垒对各国贸易成本进行指数化分析，结合产业内贸易指数，具体研究各国产业集群形成机制。

参考文献

梁琦，2009：《分工、集聚与增值》，北京：商务印书馆。

林琳，2005：产业内贸易研究，山东大学博士学位论文。

罗仁坚、周小琪等，2011：《打造桥头堡昆明区域性国际交通运输枢纽》，北京：人民交通出版社。

马剑飞、朱红磊、许罗丹，2002：对中国产业内贸易决定因素的经验研究，《世界经济》第9期。

迈克尔·波特，2002：《国家竞争优势》，北京：华夏出版社。

隋映辉，2005：《产业集群——成长、竞争与战略》，青岛：青岛出版社。

藤田昌久、克鲁格曼、维纳布尔斯著，梁琦等译，2011年：《空间经济学——城市、区域与国际贸易》，北京：中国人民大学出版社。

威克海姆、汤姆逊著，宁维高译，1991：《产业内贸易的经验性分析与多国企业》，《现代经济译丛》第4期。

Grubel, H. G. and P. J. Lloyd, 1975, *Intra-industry Trade: The Theory and Measurement of International Trade in Differentiated Products,* London: Macmillan.

Helpman, E., 1984, A Simple Theory of International Trade with Multinational Corporations, *Political Economy,* 92(3), 451-471.

Krugman, Paul, 1991, Increasing Returns and Economic Geography, *Journal of Political Economy,* 3, 483-499.

Porter, M. E., 1998, Cluster and the New Economics of Competition, *Harvard Business Review*, 76(6), 11-12.

A Research on Industrial Clusters of BCIM Economic Corridor

Liang Shuanglu　Liang Qiaoling

Abstract: Based on the model of industrial clusters of spatial economics and Porter's industry cluster theory, the authors explored the process of economic corridor linking Bangladesh, China, India and Myanmar (BCIM). The results showed that the main focuses of current industrial cooperation of BCIM Economic Corridor were mining, chemical, textile and leather industries. On-going improvement of transport infrastructure improved the foundation to foster industrial clusters in BCIM cooperation zones. According to the trade indexes of mining intra-industry and the export comparative advantage of the national mining intra-industry, the authors proposed the suggestions about location of mining industry cluster in case of Kunming-Myitkyina-Ledo-Calcutta Economic Corridor.

Keyword: BCIM economic corridor, spatial economics, intra-industry trade, industrial clusters

企业年金制度国外研究现状及其述评

张英明[①]

摘　要： 中国企业年金的发展历经二十余年还是步履蹒跚，尚难以形成对基本养老保险的有力补充，与成为养老保障体系第二支柱的目标更是相距甚远。西方国家的企业年金制度是在一种什么背景下建立与发展起来的？是什么制约了中国企业年金的发展？如何看待企业年金在养老保障体系中的地位？带着这些问题，本文就企业年金的形成机制、企业年金制度的国际比较、企业年金发展的模式选择与实务探索等三个方面，对国外有关企业年金发展的研究成果进行了梳理与总结，试图从中获得一些启迪与答案。

关键词： 企业年金、制度分析、评价

中图分类号： F061.4

① 张英明，江苏师范大学商学院。本文是2012年国家社科基金项目“中小企业集合年金制度构建研究”（12BJY041）的阶段性研究成果。

我国于1999年10月就已步入了“老龄化”社会[①]，养老问题是我们不得不面对的一个社会问题。有人说：21 世纪是老龄化的世纪，深受其苦的将不只是欧洲和日本，中国也将从看客变成当事人。这些不能不引起我们对老龄化问题予以深思。

为应对老龄化危机，世界银行1994年在其发表的政策研究报告中，首次提出了三支柱养老保障体系的改革思路，世界各国纷纷建立了包括基本养老保险、补充养老保险和个人储蓄性养老计划等在内的三支柱社会养老保障体系。其中，仅次于基本养老保险的第二支柱——补充养老保险在我国被称为企业年金。

截止到2013年第一季度末，我国企业年金的规模已达5113.75亿元，较2001年年末的192亿元，增加了25.6倍。但是我国企业年金计划的覆盖面很窄、行业分布不均衡、投资运营的效益也不高，尚难以形成对基本养老保险的有力补充，与成为养老保障体系第二支柱的目标更是相距甚远[②]。

企业年金发展的理论基础是什么？西方国家的企业年金制度是在一种什么背景下建立与发展起来的？是什么原因导致我国企业年金制度的发展如此缓慢？如何进一步促进我国企业年金的发展？带着这些问题，本文梳理了近些年国外有关企业年金发展方面的研究文献，试图从中获得一些启迪与答案。

一、企业年金制度国外研究现状

自1875年美国运通公司创建世界上第一个由雇主资助的雇员养老金计划开始，企业年金在西方的发展已有一百三十多年的历史，因而国外学者对企业年金的研究时间较长，理论研究较深入，研究成果主要集中在企业年金的形成机制、企业年金制度的国际比较和企业年金发展的模式选择与实务探索

① 按照国际上的一般标准，一个国家或地区60岁（OECD成员国为65岁）以上的人口超过该国家或地区总人口数量的10%，即步入了老龄化。根据2000年第五次全国人口普查结果，我国60岁及其以上老年人口已达1.26亿，占全国总人口的10.45%(65岁以上老年人口为8687万，占7.09%)，并以年均3%的速度持续增长。更为突出的是，我国80岁以上老年人口已达1100万，并以年均5%的惊人速度递增。

② 据2012年度国家人力资源和社会保障事业发展统计公报，2012年我国全年城镇基本养老保险基金总收入20001亿元，年末基本养老保险基金累计结存23941亿元，为当年末企业年金基金规模（4821.04亿元）的4.97倍。

等三个方面：

（一）企业年金的形成机制

有关企业年金的产生动因，国外学者的研究主要从劳动经济学、政治经济学、新古典主义经济学三个层面展开。

在劳动经济学方面，韦瑟（Wise）（1985）认为企业年金计划是劳动合同的重要组成部分，它影响到对雇员的聘用、雇员工作的积极性、雇员的退休时间以及企业在劳动力市场的竞争力等等。克拉汉姆· 莫法特（Craham Moffat）(1994)等学者通过调查认为：基于企业长远发展的考虑，西方国家的企业年金计划大部分是由雇主先提出的，既不是工人阶级斗争或社会压力的结果，也不是政府主导的结果。这就否定了传统劳动关系理论强调雇主与雇员的阶级对立、雇员只有通过阶级斗争才能获得权益的观点，证明即便是在发达的资本主义国家，劳动关系中也存在非对抗性和相协调性的一面。企业年金的发展正是资本主义劳资矛盾缓和的一个实证。

在政治经济学方面，国外学者主要是对企业年金制度的社会公平、社会正义进行研究，但并没有提出系统的改革主张，也不能对年金制度的日益发达做出合理的解释，致使这一学派的影响力日渐式微。

在新古典主义经济学派方面，众多学者从微观视角对企业年金制度的产生动因做了较好的理论解释，影响日隆，主要理论观点包括：

1. 生命周期假说（life-cycle hypothesis）

这一理论的提出者为布伦博格与莫迪利亚尼（1954）。他们认为：多数消费者是“理性人”，会根据效用最大化的原则来分配、使用一生的收入，安排一生的消费，于是消费就不是取决于人们的现期收入而是取决于一生的收入。为了维持持久的消费能力，满足退休后无收入时生活的需要，人们会将其工作期间所得收入的一部分通过储蓄等形式转移至未来，以期作为退休后的生活来源。这为企业年金制度的建立提供一定的理论依据。

2. 交叠世代模型(over lapping generation model)

这一理论的提出者为阿莱（1947），发展者有萨缪尔森（1958）、戴蒙德（1965）等。他们将生命周期假说中的一代人一生的收入与消费安排扩展到几代人，指出在任何一个时点都有几代人同时生存，在理性“经济人”和追求效用最大化的前提下，每一代人在其生命的不同时期都可以和不同代的人进行交易，使其收入和消费得到更好的安排，实现一生效用的最大化。同时他们认为这一模型既适用于个人也适用于企业，这就为企业年金的产生提供了更丰富的理论根基。

3. 人力折旧理论（human depreciation）

这一理论的代表人物是美国学者李・威林・斯奎尔（Lee Welling Squier，1912）。该理论将雇员的人力资本价值与厂房或机器等固定资产价值进行了类比，厂房或机器会因为使用而损耗，需要通过折旧形式予以补充；雇员也会因为衰老而丧失劳动能力，从而需要雇主给予一定的补助金。这种补助相当于补充人力资本价值损耗的费用，从持续经营角度来看，它是雇主对年迈雇员不可推卸的社会责任。随着退休金制度的广泛推广和社会文明程度的提高，雇主对雇员退休后的生活保障越来越负有道义上的责任，人力折旧理论逐步被用来解释企业年金制度的建立，虽然不少学者对此存有异议。

4. 延期工资理论（deferred wage concept）

这一理论的提出者为美国学者艾伯特・德・拉得(Albert de Roode，1913)。该理论将退休金给付视为劳动报酬的一部分，无论是现期支付的货币工资还是未来支付的退休金，均为雇主雇用劳动力的成本，这就为企业年金的存在找到了较好的理论解释，企业年金是延期支付的劳动报酬的一部分，劳动者的劳动所得可以跨时期消费，从而平衡劳动者人生不同时期的消费需要。这种观点与新古典经济学的理论体系一脉相承。

5. 持久收入理论（permanent income hypothesis）

这一理论的提出者是美国学者米尔顿・弗里德曼(1957)。该理论认为，为维持人一生的消费，需要有一个持久的收入。为此，应该有一个创造持久收入的机制，使得人们即便在年老没有收入时仍能维持基本的消费。这种机制可以有三种手段来实现：储蓄、基本养老保险和企业年金。弗里德曼认为：人不完全是理性的，往往倾向于即期消费，所以储蓄对于人的养老是不足的。而基本养老保险水平比较低，是针对老年人的基本生活保障，不可能达到较高的水平。只有企业年金作为一种妥善处理即期收入与远期消费关系的制度性安排，可以弥补个人储蓄与基本养老保险的不足，引导人们把一生的收入平滑地分配到人生的各个阶段，有效提高人们退休后的生活水平，促进社会的和谐与稳定。

以上是国外学者对企业年金产生动因的主要研究成果。

（二）企业年金制度的国别比较与评价

在企业年金一百多年的发展历史中，由于各国对企业年金的功能定位、管理体制等差异很大，因此进行国别比较，寻找不同国家年金制度的共同点与不同点，为完善年金制度建言献策成为学者们的共同追求。国别比较研究的成果主要集中在年金制度结构比较、年金制度的公平性及年金制度的“去商品化”与私有化等三个层面。

1. 企业年金制度结构的比较研究

OECD 研究私人养老金的专家耶莫（Yermo）（2000）对 OECD 国家的企业年金进行了比较研究，发现了 OECD 国家养老金发展的新趋势：一些国家用强制性或准强制性的缴费确定型计划替代或补充公共养老金计划（如澳大利亚、芬兰、墨西哥、波兰、瑞士、瑞典）；一些国家出现了职业养老金从 DB 计划向 DC 计划转变的势头（如美国、芬兰）；税收优惠政策在 OECD 国家普遍成为政府刺激职业养老金发展的主要政策工具。耶莫（Yermo）认为，澳大利亚的超级年金制度作为一种强制性的企业年金取得了成功。英国的第二支柱是公共收入关联型计划与私营养老金的混合体，个人可以选择加入其中之一。法国以行业为基础的现收现付的企业年金制度中的养老金风险由整个行业分担，甚至还可以通过行业之间的转移支付来化解风险。

博斯金、科特利科夫、肖文（Boskin、Kotlikoff、Shoven）等三人在 1988 年发表的一篇论文中，提出了一个既保持现收现付制融资方式、同时又引入 DB 型给付因素的“个人保险账户”制度（后人称之为“BKS”制度），这是正式明确提出“名义账户”思路的第一篇论文，为此后（1995 年）瑞典、意大利等欧亚六国创造性地推出“名义账户”制度、混合型制度提供了理论铺垫。此后很长一段时间，名义账户制、混合型制度（即在融资方面采取现收现付制的 DB 型方式，在给付上采用完全积累制的 DC 型方式）一度成为企业年金比较研究的重点。

哈弗兰德（Haverland）(2007) 对欧盟国家的企业年金政策进行了比较研究，试图发现在欧洲市场一体化的压力下，职业养老金是否朝着统一制度的方向发展。研究发现，欧洲各国的政策有强烈的自由主义特征，虽然欧盟对职业养老金制定了一系列的基本规则，但各成员国基本保持了国家在政策制定上的权威，欧盟各国在职业养老金制度上仍保持各自的特点，欧洲统一的养老金制度只是象征性的。

各国不同的历史文化、养老传统及经济发展水平决定了职业养老金制度的差异性，也奠定了国别比较研究的意义和价值。

2. 企业年金公平性的研究

莫法特和拉克豪斯（Moffat and luckhaus）(1998) 对英国 10 万个职业养老

金计划进行了实证研究，提出对职业养老金的公平性的考量应涵盖以下六个方面：（1）获取养老金的年龄的性别差异；（2）遗嘱给付制度的建立与否；（3）对预期寿命差异的考虑；（4）对周工作时数的要求；（5）与公共养老金的衔接；（6）对服务年限的要求。

克里斯蒂娜（Christina）（2000）利用调查数据对澳大利亚、比利时、加拿大、丹麦、芬兰、德国、意大利、荷兰、挪威、瑞典和英国等11个福利国家的企业年金对收入分配的影响进行了研究，发现企业年金与公共养老金制度之间是有互动关系的，一般国内有国家提供的规模较大的收入关联型计划，其企业年金多为自愿性的；而如果只有水平均一的现收现付的基本养老金，企业年金则可能是强制性的。克里斯蒂娜（Christina）认为私人养老金确实会进一步地扩大收入差距，但国别之间的差别较大：芬兰、瑞典的私人养老金的公平性较高，而澳大利亚、英国的私人养老金公平性较低。

胡戈霍斯（Hughes）(2002)对英国和爱尔兰的职业年金的公平性进行了研究，发现自愿性的企业年金制度的税收优惠政策实际是向高收入人群倾斜的。税收优惠导致中高收入人群的企业年金覆盖率大大高于低收入人群。英国和爱尔兰的数据显示，超过三分之二的税收优惠被收入最高的20%的人群享有，而只有不到3%的税收优惠惠及收入最低的20%的人群。因此，他们认为国家建立并推行企业年金税收优惠政策必须附有适用条件，避免这一政策成为富人避税的工具。

3. 企业年金“去商品化”与私有化的研究

考斯塔·艾斯平－安德森（1990）认为，对社会政策或福利计划的非商品化分析应按照三组量纲：一是涉及决定人们“进入”权利的规则：资格标准和资格限制；二是与收入替代有关的标准；三是资格的授权范围。按照这三组量纲下的5个变量测度不同国家养老金的非商品化指数，结果见表1。

表1　养老金的非商品化指数

国家	澳大利亚	芬兰	法国	瑞典	瑞士	英国	加拿大	丹麦	意大利	挪威	荷兰	美国
指数	5.0	14.0	12.0	17.0	9.0	8.5	7.7	15.0	9.6	14.9	10.8	7.0

由上表不难看出，瑞典、挪威、荷兰等北欧国家的养老金非商品化程度较高，而澳大利亚、美国、加拿大等国的养老金非商品化程度较低。但是，更多学者认为“去商品化”只是二战后初期资本主义社会保障制度的特点，

20世纪80年代以后，随着老龄化危机的加重与各国财政支付压力的加大，养老金的“再商品化”或私有化已被认为是福利国家社会保障制度改革的主要特点之一。

马丁·费尔德斯坦（1974）认为，私有化是指从无基金积累的现收现付计划向强制性的基金积累的个人自由账户计划的转变。私有化的关键是个人是否有权掌握投资决策的主动权。他还认为，即使在一个私有化的计划中，政府也会对个人投资的资产选择进行限制，而且应提供安全保护网，使那些投资绩效欠佳而不能获得足够退休收入的人有起码的退休收入保障。

不难看出，国外学者对企业年金的国别比较研究，重点大多放在对具体国家的制度评价上，有比较才有鉴别，通过比较容易发现不同制度的优劣，为完善相关制度找到路径。

（三）企业年金制度的模式选择与实务探索

企业年金的模式选择并无一个绝对的标准，各国只能根据各自具体的情况做出适当的选择。这方面国外学者的探索主要集中在年金计划建立、年金基金管理和年金基金监管等三个层面。

1. 关于企业年金计划的建立

国外早期研究认为雇主有道义上的责任为雇员退休后的生活提供经济保障，其中比较有代表性的是李·威林·斯奎尔（1912）阐述的观点，他认为：从整个社会经济发展的全局考虑，没有哪一个雇主有这样的权利，即让一个雇员在某个行业中耗尽了5年、10年或40年的精力后，就将其推向社会、撒手不管了，让他或他们像海上漂浮物一样在社会上到处游荡、生活无着落。企业年金的建立可以改变这种状况，对于整个社会发展具有正效用，是一种正能量。斯奎尔的思想后来演化成了人力资本折旧理论，在西方世界获得了广泛的认可。

威廉姆斯和潘培尔在其1993年出版的《养老保障比较研究》中，将养老金制度的起源归纳为社会民主论、新马克思主义论、新多元主义论、工业主义论和国家中心论。他们认为，企业年金制度的发展，并非归功于劳动者和资本家的斗争，这让我们对过去熟悉的阶级分析方法不得不进行反思。

贝恩克公司养老金专家（2005）认为：按照建立与参与的自愿性不同，企业年金可分为强制性年金和自愿性年金两类，在有关强制性推行还是选择性推行个人职业养老金方面引发了许多争议，这很大程度上取决于各国的实际情况。许多国家都在实施强制性养老金制度，有些国家正在考虑实施这种制度。就目前而论，大多数 OECD 国家实行的是自愿养老金制度与税收刺激相结合的办法。

2. 关于企业年金基金管理

国外关于企业年金基金管理的研究成果主要集中于筹资管理、投资管理和风险管理等几个方面。

就筹资管理来看，企业年金基金来源于企业和职工的缴费及其投资收益。按照基金是维持横向收付平衡还是纵向收付平衡，企业年金基金筹集方式可分为：现收现付制、完全积累制和部分积累制三类。西方国家养老保险基金过去大都采用现收现付制，20 世纪 80 年代以后，通常在第一支柱继续采用现收现付制，第二、第三支柱则改用完全积累制。国际劳工组织专家科林·吉列恩（2002）指出：一个国家在建立完全积累型养老保障制度之前，还必须有公平的、良好的资本市场，同时还要有足够的规范和监督，以避免欺诈和承受额外的风险。他认为在市场经济条件下，私营管理的完全积累型养老保障具有经济上的优势，它可以刺激资本市场的发展。

就投资管理来看，国外学者的研究主要集中于投资对象、投资战略、投资组合等方面。科热尔（Kehrer）(1991) 与古拉德和杰克金斯（Guerard and Jenkins）(1993) 指出，企业年金基于安全性考虑，在从事投资活动时，必须谨慎选择投资对象，并遵守风险分散与多元化投资的投资准则。博迪（Bodie）(1990，2001) 发现：如果养老基金规模不大，融资充足，并且发起公司风险较高，在这些条件下，养老基金投资更多地是选择债券。哈瑞森（Harrison）(1983) 等学者对年金基金投资的税收效应和期权效应进行了综合研究，他们发现：如果基金经营状况良好，税率较高，则企业年金将全部投资于债权类投资工具（如债券）、以最大化利用免税的好处；反之，如果企业年金基金经营状况较差，则年金基金应全部投资于高风险的权益类投资工具。索里克（Solnik）(1988，1998)、高日马拉蒙（Goezmalm）(1999) 等学者对企业年金基金进行国际投资的必要性进行了研究，他们认为：扩大投资范围、实现全球投资组合，既可以降低年金投资的系统性风险，也能更好地分享各国经济增长的成果，获得更稳定的投资回报。

就风险管理来看，国外学者的研究主要侧重于风险度量与防控。拉玛斯瓦迷（Ramaswarmi）(1997) 的研究指出，像企业年金这种长期性、非系统性的资产是需要利用 VaR（Value at Risk，在险价值）这种非对称的风险衡量工具来加以辅助管理的。安德纽斯（Andrews）(2006) 认为与企业年金计划有关的风险管理不再是全面风险管理，而应被视为企业全面风险管理框架下的一部分。舍贝瑞（Seberry）(2007)认为需要对企业年金风险实施全面风险管理，他指出：多数公司认为DB年金计划面临的风险与公司面临的风险是相对独立的，然而从全面风险管理视角来看，这些风险是有内在联系的，必须一起管理。即便是DC年金计划，投资风险由雇员承担，企业年金仍面临其他一系列风险，同样需要进行全面的风险管理。

总体来看，国外有关企业年金基金管理的研究，内容庞杂、头绪繁多，其筹资管理、投资管理的相关研究硕果累累、比较成熟，但风险管理的研究尚处于发展之中。

3. 关于企业年金基金监管

国外关于企业年金基金监管方面的研究成果主要集中在投资监管模式选择和风险监管等方面。

就投资监管模式的选择来看，按对投资方式与投资工具限定方式的不同，企业年金投资监管模式可分为严格数量限制监管与审慎性监管两类。斯哈（Shah）(1997)比较了智利、阿根廷等发展中国家的年金基金投资监管机制，认为发展中国家对年金投资实行的严格数量限制，会缩小年金有效投资的可选择范围，导致年金投资组合趋同，有时会加大年金基金投资的风险。但针对这种观点也有不同的声音，韦塔斯（Vittas）(1998)认为发达国家虽然采用基于“审慎性”原则的养老金投资监管制度，同样也出现了投资趋同的现象，因此，不能将“投资趋同”完全归因于定量监管。他认为发展中国家企业年金发展历史较短，资本市场欠发达，投资环境欠完善，应该采取较为严格的投资监管制度。戴维斯（Davis）(2001)利用10个OECD国家的相关数据对严格限量监管和审慎性监管作了比较研究，得出以下结论：(1)从投资组合监管对资产配置的影响来看，采取审慎性监管的国家，其投资组合中的资产类别与采用严格限量监管的国家相比，存在明显的差别，并且前者投资多样化程度比后者更显著。(2)从投资监管方式对投资业绩的影响来看，采取审慎性监管的国家的年金投资平均收益率水平要明显高于实施严格限量监管的国家。许多学者的相关研究也验证了这一结论。

就风险监管来看，2005年，国际养老金监督官协会（IOPS）出台《企业年金监管原则》，指出企业年金监管应该以风险为导向，而修订后的《IOPS企业年金监管原则》更加明确地提出企业年金监管应该采取风险监管。

综合来看，国外相关的理论研究成果为完善和发展企业年金监管体系提供了很好的理论基础和依据，为企业年金监管实践指明了方向。

二、国外企业年金研究的评价

（一）关于企业年金制度的产生动因及其地位

企业年金制度之所以会在西方国家较早地产生，原因是多方面的。一方面，这些国家工业化进程大多较早地完成，传统的大家庭组织逐渐瓦解，靠家庭养老的做法已不现实，社会需要企业雇主对雇员提供老年救助，承担雇员老年保障的社会责任；另一方面，西方经济学界在第二次世界大战以后，对企业年金制度各个方面的深入研究，尤其是新古典主义经济学派提出的诸多理论观点，如“雇主父爱主义理论”、“储蓄替代论”、“延期工资理论”、“持久收入理论”和“人力资本折旧理论”等，为西方国家企业年金制度方案的设计提供了很好的理论基础和指导原则。

进入二十世纪七十年代，西方国家遭遇石油危机，各国经济遭受重创，经济衰退、通货膨胀、高失业率等在西方蔓延，仅依赖雇主的“仁慈”或“父爱”提供退休金无法得到法理上的保证，而仅依靠国家福利提供养老保障也已困难重重。在这种情况之下，西方经济学界对传统养老保障制度进行了深刻的反思，认为成熟的养老保障制度必须充分发挥国家、雇主及雇员三方的积极性，由此创造性地提出“三支柱”的养老保障理论，并由世界银行于1994年正式对外发布，由此又一次引领了世界养老保障制度改革的风潮。

在西方学者创设的新的养老保障理论框架下，企业年金处于养老保障体系第二支柱的位置，目标是提高雇员退休后的生活质量，其缴费多、回报高，待遇就高，其是否设立及如何设立一般由企业自主确定或由政府强制性规定。国家介入企业年金或退休金计划，主要是发挥政府的宏观调控作用，引领社会保障制度的发展、保障雇员的基本利益，就企业年金制度的发展来看，政府的责任主要体现在立法推动、税收激励和监督运营等方面。

在这一新的养老保障体系中，雇主的义务由法律界定，雇主给予雇员一定的退休经济补偿不再是一种赏赐或恩惠，而是一种法定义务。伴随着信息化与知识经济时代的到来，雇主要想吸引并留住人才，在激烈的人才市场竞争中胜出，如果没有为员工提供企业年金等福利保障，将是难以想象的。

（二）关于企业年金制度的国别比较

国外学者有关企业年金制度的国别比较研究揭示了企业年金制度发展的一些新趋势，如：一些国家用强制性或准强制性的缴费确定型计划替代或补充公共养老金计划；一些国家出现了职业养老金从DB计划向DC计划转变的势头等，这些可为我们建立并完善企业年金制度设计提供参考。

国外学者有关企业年金制度的国别比较研究很重视公平与效率问题。根据“三支柱”理论，养老保障的三支柱的再分配功能是有差异的。第一支柱的现收现付的公共养老金的目标是保障基本生活，对收入进行横向再分配。西方学者的大量实证研究结论表明各国的第一支柱在缓解贫困、缩小收入差距方面的作用是显著的。企业年金作为养老保障体系的第二支柱，年金基金由雇主和雇员缴费形成，由于工资基数、供款率和投资收益的差异，企业年金个人账户最终积累水平有高有低、差异较大，因此一般认为企业年金不具备再分配功能，它所体现的主要是激励和效率原则，这在西方学者的国别比较研究中也得到了证实。

国外学者有关企业年金制度的国别比较研究的第三个热点领域是企业年金或社会保障的“去商品化”与“再商品化”问题。所谓“去商品化”主要是指降低劳动力商品化的程度，由国家通过提供一系列的社会保障（如社会养老保险、失业保险、医疗保险等），降低劳动者对市场的依赖程度。社会保障的“去商品化”浪潮主要发生在第二次世界大战后至20世纪70年代初。20世纪70年代中期开始，西方国家经济滞胀严重，而人口老龄化对社会保障的需求增加，各国财政入不敷出、赤字剧增，于是从20世纪80年代开始，西方国家的社会保障制度（当然包括企业年金制度）改革出现“再商品化”趋势，其目的是密切劳动力商品与市场的结合程度，在社会保障制度设计中加大个人、企业的投入力度，减少国家的因素，进而减轻国家责任。进入21世纪，社会保障私有化已成为社会保障制度改革的主要趋势之一，这在企业年金制度设计发展趋势上尤其明显。但是，私营的养老金（企业年金）是否就意味着强私有化？私营的企业年金是否就能降低管理成本？国家对社会保障的干预究竟该走多远？国家责任如何界定？西方学者对上述问题的讨论仍在进行中，尚无一个统一、成熟的结论。

（三）关于企业年金发展的模式选择与实务探索

国外学者有关企业年金发展的模式选择与实务探索研究千头万绪、内容庞杂。企业年金模式包括筹资模式、给付模式、税优模式、管理与监管模式等多个种类，每一种模式的有效运用都需要理论上的创新与实践中的不断探索、总结。

关于企业年金的筹资模式，一般将其归纳为现收现付制、完全积累制和部分积累制三种，国外学者分析了这三种筹资模式的各自长短处，并将之与企业年金的给付模式相对照，发现大部分国家的企业年金采用完全积累制的筹资模式，因为：这种模式能较好地体现效率原则、不受人口老龄化高峰的影响，且可以促进资本市场的发展。

关于企业年金的给付模式，主要有确定给付制（DB）和确定缴费制（DC）两种，国外学者同样深入分析了 DB 模式与 DC 模式各自的优劣及其在实践中的应用，发现 DB 模式一直是发达国家众多大公司普遍采用的给付模式，但近年来，出于增强雇员的缴费责任与降低雇主承担的年金投资风险的考虑，一些国家出现了企业年金给付模式从 DB 型向 DC 型转变的势头。年金给付模式的未来发展趋势究竟是 DB 模式还是 DC 模式？抑或是两种模式并存？西方学者的意见也是众说纷纭、莫衷一是！

关于企业年金的税优模式，西方各国普遍采用的是 EET 模式[①]，因为这种模式税收优惠幅度适中，能避免重复征税，且能促进企业年金的发展。当然，也有西方学者提出不加限制地使用 EET 税优模式，有可能给企业避税提供机会，并可能造成新的分配不公。

关于企业年金的管理模式，国外学者将之划分为：信托型、基金会型、契约型、公司型、互助型、内部管理型、代际调剂型等，总体来看，信托型，即通过信托制度管理企业年金已成为国际主流做法。但也有学者认为信托型年金管理模式在欧美完善的法制环境下具有合理性，有助于隔离风险，实现年金基金的高效运作。一旦离开完善的法律环境与优良的法治传统，信托模式的有效性必将大打折扣。

关于企业年金的监管模式，一般将之分为基于监管机构的年金监管模式与年金投资监管模式，前者又分为分业监管模式、部分混合监管模式、完全混合监管模式，后者则分为严格限量监管模式与审慎监管模式。国外学者的研究表明，在西方经济发达国家，对于企业年金的监管，混合监管与审慎监管已是大势所趋。但是，混合监管需要具备哪些条件？是部分混合监管还是

① E（exempt）表示免税；T（taxed under personal income tax）表示征税（这里的税主要指个人所得税）。企业年金的运营一般包括三个主要环节：（1）由企业或雇员缴纳养老保险费；（2）通过企业年金基金投资获得回报；（3）从企业年金基金及其运行中获得养老金收入。EET 模式表示上述三个运营环节的前两个环节免税，第三个环节（领取养老金）则要征税。

完全混合监管？审慎监管需要具备哪些条件？审慎到何种程度？有关这些问题的讨论仍在进行之中，并无一个标准答案。

参考文献

埃弗里特·T. 艾伦等著，杨燕绥等译，2003：《退休金计划》，北京：经济科学出版社。

贝恩克，2005：个人养老金管理的政策框架 – OECD[DB]. www.cnpension.net, 07,11.

考斯塔·艾斯平 – 安德森著，郑秉文译，2003：《福利资本主义的三个世界》，北京：法律出版社。

科林·吉列恩等著，2003：《全球养老保障——改革与发展》，北京：中国劳动社会保障出版社。

郭琳，2008：《中国养老保障体系变迁中的企业年金制度研究》，北京：中国金融出版社。

劳伦斯·汤普森著，孙树菡译，2003：《老而弥智——养老保险经济学》，北京：中国劳动社会保障出版社。

莫迪利亚尼论文选（中译本），1993：北京：商务印书馆。

童文胜，2004：中国企业年金制度及其本土化研究，华中科技大学博士论文。

新帕尔格雷夫经济学大辞典（第三卷，中译本），1992：北京：经济科学出版社。

杨怡，2010：中国企业年金投资运作模式研究，复旦大学博士论文。

Alin, T., 1998, *Plan Pension USA,* Prentice-Hall International, 75-79.

Behreadt, Christina, 2000, Private Pensions-a Viable Alternative? Their Distributive Effects in a Comperative Perspective, *International Social Security Review,* 53(3), 3-26.

Bodie, Zvi, 1990, The ABO, the PBO and Pension Investment Policy, *Financial Analysts Journal,* October, 27-34.

Davis, E. P., 2000, *Portfolio Regulation of Life Insurance Companies and Pension Funds,* Brunel Univesity.

Doug, Andrews, 2006, *Extending ERM to Multi-employer Pension Plans,* Society of Actuaries Enterprise Risk Management Symposium.

Feldstein, M., 1974, Social Security, Induced Retirement, and Aggregate Capital Accumulation, *The Journal of Political Economy*, 82, 905-926.

Harrison, J. Michael and W. F. Sharpe, 1983, *Optimal Funding and Asset Allocation Rules For Defined Benefit Pension Plans,* Chicago University of Chicago Press, 91-103.

Haverland, Markus, 2007, When the Welfare State Meets the Regulatory State：EU Occupational Pension Policy, *Journal of European Public Policy,* 14(6), 886-904.

Hemant, Shah, 1997, Towards Better Regulation of Private Pension Funds, *World Bank Working Paper.*

Hughes, Gerard, 2003, Private Pensions and Equity in Ireland and the UK, *Journal of Pensions Management,* 8(2), 167-178.

Kotlikoff, Laurence J. and David A. Wise, 1985, *Labor Compensation and the Structure of Private Pension Plans: Evidence for Contractual vs. Spot Labor Markets,* In David A. Wise, ed., Pensions, Labor, and Individual Choice. Chicago:University of Chicago Press, 55-85.

Luke, Seberry, 2007, Does Your Pension Fund Reduce Risk for Your Company? *East Asian Actuarial Conference,* 2007.

Moffat, M. and G. M. D. Bean, 1994, *Trusts Law: Text and Materials,* Cambridge University Press.

Moffat, G. and L. Luckhaus, 1998, Occupational Pension Schemes, Equality and Europe: A Decade of Changes, *Journal of Social Welfare and Family Law,* 20(1), 1-22.

Rejda, George, E., 1999, *Social Insurance and Economic Security,* Prentice Hall, 89-95.

Vittas, Dimitri, 1998, Regulatory Controversies of Private Pension Funds, *World Bank Working Paper.*

Williamson, John B. and C. Fred Pampel, 1993, *Old-age Security in Comparative Perspective,* Oxford University Press.

Yermo, Juan, 2001, *Private Annuities in OECD Countries Insurance and Private Pensions Unit,* Financial Affairs Division.

The Current Situation and Comment of Foreign Studies on Occupational Pension

Zhang Ying Ming

Abstract: After two decades' development China's Occupational Pension is still stumbling, can not provide a powerful complement for the basic pension insurance, and has a long road to go to reach the goal of becoming the second pillar of the pension system. What kind of background does Foreign Occupational Pension have to build and develop? What constrains the development of China's Occupational Pension? How to regard the position of occupational pension in the pension system? With these questions, the author collates and summarizes the studies on Foreign Occupational Pension according to three aspects of occupational pension including the formation mechanism, the international comparison and the model selection and practical exploration, attempting to achieve some enlightenment and answers.

Keywords: occupational pension, system analysis, comment

经济增长、物价和宏观税负对地税收入增长的影响分析

——以佛山市1996~2011年数据为实证

谢长青[①]

摘　要：采用指数体系方法对1996~2011年期间影响佛山地税收入的经济增长、物价和宏观税负因素进行量化分析。发现物价因素对地税收入的影响为20~30%左右，实际经济增长影响为80~90%，其他因素（征管和政策因素）影响以2003年为分界点呈先正后负特征。金融危机后经济因素对地税增长贡献有所下降，物价因素贡献有所上升，其他因素贡献波动较大。为保持地税收入持续增长，本文提出增加经济总量，调整经济结构、控制物价，以及加强征管等对策建议。

关键词：经济增长、宏观税负、地税收入、因素分析、指数分析法

中图分类号：F812.42、F127

① 谢长青，佛山科学技术学院经济管理学院。基金项目：2010年教育部人文社科一般项目（10YJC790304）；2010年广东省哲学社会科学“十一五”规划项目（GD10YYJ09）；2013年广东省教育厅学科建设项目人文社科一般项目(2013WYXM0117)。

一、引　言

佛山市作为珠三角重要的制造业中心城市，改革开放以来经济发展取得了长足的进步，GDP 近十年来年均增速 20%左右，2011 年 GDP 达 6500 亿元，居全国城市第 12 位，是全国经济最为活跃的城市之一。与之相应地方税收收入也取得了连续多年的大幅度增长，在 1999~2011 年间佛山地税收入年均增长 21%，2011 年地税收入达到 363.8 亿元，比 1995 年增长 28 倍。但是自金融危机以后，2009 年和 2010 年佛山地税收入增速比 2007 年下降了近 10 个百分点，2011 年有所回升。作为重要的珠三角制造业城市，探索哪些因素造成佛山地税收入增长的下降，对于有针对性的提出应对之策，确保后危机时代处于产业转型期的制造业城市保持财政收入持续增长具有重要的现实意义。基于此，本文运用指数体系方法，对 1996 年以来影响佛山地税收入的物价、宏观税负和经济增长等因素进行深入分析，以探寻实现佛山地税收入可持续发展的路径与良策。

二、研究方法与模型说明

在关于地税收入的影响因素研究中，学者们普遍认为影响税收增长的因素主要有物价、经济增长、税收政策和税收征管因素等，但各因素对于税收增长的影响程度到底有多大，需要通过实证分析得到量化的结论。为此，许多学者运用统计学中的指数体系方法进行分解（王军平，2005；靳东升和王则斌，2008；潘石和孙飞，2008；张伦俊，2008；孙玉栋，2006；王道树，2008；雍梅，2008；武辉，2009）。但是，由于地税收入受经济形势影响较大，且税收政策调整年度之间税收收入的概念外延不一，因此，应尽量保证口径的一致性。否则难以准确地量化各因素的影响程度，而且在剔除确定性因素之后得出的剩余项（其他因素）的税收意义和经济意义也会显得过于模糊。因此，为揭示税收与经济的内在关系，在分析时必须注意经济危机和税收政策对地税收入的影响。

在小口径的宏观税负计算中，宏观税负=税收收入/国内生产总值（GDP）。由此可知，税收收入等于经济总量(GDP)乘以宏观税负。进一步地，经济因素又可以分解为实际经济增长（GDP）因素和物价因素（以“物价指数”来衡量）。也就是说，可将影响税收增长的因素概括为实际经济增长因素、物价因素、宏观税负因素。在物价因素和经济增长因素给定的前提下，宏观税负因素是税收政策、税收征管等其他因素共同作用的结果，在此统称为“其他因素”，并以“宏观税负”这一指标来衡量其影响。考虑到上述因素的影响，可以设定以下基本公式：

$T=G_{名义}\times B$

式中，T 表示税收收入，G 表示名义经济（GDP），B 表示宏观税负。进一步地，名义经济增长（GDP）又可分解为实际经济增长因素和物价因素的乘积。即：

$T=G_{实际}\times P\times B$

式中，P 表示物价指数，其他含义同上。

为了将影响税收增长的各个因素分解开来，可进一步将上式变换为：

$$\begin{aligned}T_1/T_0&=G_1\times P_1\times B_1/G_0\times P_0\times B_0\\&=(G_1\times P_1\times B_1/G_1\times P_0\times B_1)\times(G_1\times P_0\\&\quad\times B_1/G_0\times P_0\times B_1)\times(G_0\times P_0\times B_1/G_0\times P_0\times B_0)\end{aligned}\qquad（公式1）$$

公式 1 中，0 和 1 分别代表基期和报告期。根据统计学相关理论，可以得到各因素对于税收增长绝对额影响的公式：

$$\begin{aligned}T_1-T_0&=G_1\times P_1\times B_1-G_0\times P_0\times B_0\\&=(G_1\times P_1\times B_1-G_1\times P_0\times B_1)+(G_1\times P_0\times B_1\\&\quad-G_0\times P_0\times B_1)+(G_0\times P_0\times B_1-G_0\times P_0\times B_0)\end{aligned}\qquad（公式2）$$

公式 2 中，（T_1-T_0）表示报告期与基期相比税收收入的增长额，（$G_1\times P_1\times B_1-G_1\times P_0\times B_1$）表示由于物价因素造成的税收增长额，（$G_1\times P_0\times B_1-G_0\times P_0\times B_1$）表示由于实际经济增长因素造成的税收增长额，（$G_0\times P_0\times B_1-G_0\times P_0\times B_0$）表示由于“其他因素”造成的税收增长额；增长额为正数表示增加，增长额为负数表示减少。

三、实证结果及说明

根据指数体系方法，表 1 列示了佛山市 1995~2011 年的税收收入、经济增长的相关统计资料。数据显示，佛山 GDP 以 2003 年为界先慢后快；物价指数也是以 2003 年为界，此前小于 1，负增长，2003 年以后大于 1 正增长；地税收入基本保持匀速增长态势；地税宏观税负也是以 2003 年为界，呈先增后减倒“U”型变化。

表 1 佛山地税收入、物价指数、经济增长及宏观税负变化情况（单位：亿元）

年份	不变价 GDP*	物价指数 P	报告期税收 T_1	基期税收 T_0	地税宏观税负
1995	550.02	1.025	12.70		2.25%
1996	666.88	0.999	18.15	12.70	2.72%
1997	777.58	0.985	21.88	18.15	2.86%
1998	877.96	0.953	25.47	21.88	3.05%
1999	923.53	0.980	32.65	25.47	3.61%
2000	1017.71	1.032	47.93	32.65	4.56%
2001	1189.03	1.000	69.04	47.93	5.81%
2002	1348.54	0.985	86.49	69.04	6.51%
2003	1559.71	1.012	100.52	86.49	6.37%
2004	1867.35	1.027	114.06	100.52	5.95%
2005	2290.14	1.041	129.09	114.06	5.42%
2006	2843.14	1.032	150.84	129.09	5.14%
2007	3496.77	1.031	181.29	150.84	5.03%
2008	4153.09	1.043	213.79	181.29	4.93%
2009	4892.78	0.984	223.06	213.79	4.63%
2010	5481.59	1.031	261.80	223.06	4.63%
2011	6237.23	1.055	327.10	261.80	4.97%

资源来源：地税收入来源于佛山市地税局。注：2011 年实际佛山地税收入为 363.8 亿元，由于该年增加了契税和耕地占用费两个税种，多收了 36.7 亿元，为保证数据的可比性，此处剔除该因素影响，因此此处为 327.1 亿元。

测算结果见表 2。以 2008 年为例，税收收入 2008 年比 2007 年增加 32.5

亿元，受三个因素影响。其中，由于名义经济增长影响使税收收入增加 35.91 亿元，占税收增加额的 110.50%。其中分为物价和实际经济增长两部分，物价因素影响地税收入 8.88 亿元，而实际经济增长影响地税收入 27.04 亿元。除此以外其他因素使税收收入减少 3.41 亿元，对税收增加额的贡献为-10.50%。反映了宏观税负因素在佛山地税收入增加中贡献为负值。1996~2011 年经济增长因素、物价因素和宏观税负因素对税收收入的影响计算结果见表 2、图 1 和图 2。

表 2　考虑到物价因素后，佛山地税收入增长的影响因素　（单位：亿元，%）

年份	地税增加额（亿元）	经济增长影响（亿元）			其他因素影响（亿元）	经济增长贡献（%）			其他因素贡献（%）
		名义经济增长影响	物价因素影响	实际经济增长影响		名义经济增长贡献	物价贡献	实际经济增长贡献	
1996	5.45	2.79	-0.02	2.81	2.66	51.25	-0.29	51.54	48.75
1997	3.73	2.85	-0.33	3.18	0.88	76.37	-8.78	85.15	23.63
1998	3.59	2.14	-1.26	3.41	1.45	59.72	-35.14	94.85	40.28
1999	7.18	2.46	-0.68	3.14	4.72	34.24	-9.50	43.74	65.76
2000	15.28	6.65	1.49	5.16	8.63	43.53	9.76	33.78	56.47
2001	21.11	8.06	0.01	8.05	13.05	38.17	0.04	38.13	61.83
2002	17.45	9.07	-1.30	10.37	8.38	51.99	-7.46	59.45	48.01
2003	14.02	15.92	1.20	14.72	-1.89	113.50	8.53	104.97	-13.50
2004	13.54	20.19	3.01	17.18	-6.65	149.09	22.26	126.83	-49.09
2005	15.03	25.19	5.04	20.16	-10.17	167.66	33.54	134.13	-67.66
2006	21.75	28.30	4.65	23.65	-6.55	130.09	21.37	108.72	-30.09
2007	30.45	33.77	5.45	28.32	-3.32	110.90	17.89	93.01	-10.90
2008	32.50	35.91	8.88	27.04	-3.41	110.50	27.31	83.19	-10.50
2009	9.27	22.31	-3.63	25.94	-13.04	240.78	-39.15	279.92	-140.78
2010	38.74	38.77	7.87	30.90	-0.03	100.09	20.32	79.77	-0.09
2011	65.30	46.17	17.05	29.12	19.13	70.70	26.11	44.59	29.30

资料来源：历年佛山统计年鉴和佛山地税局调研数据，2011 年。

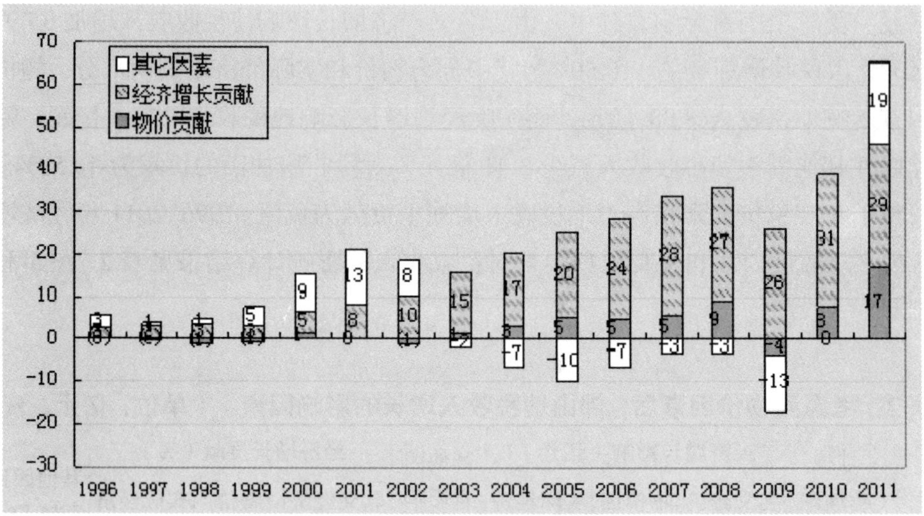

图 1　佛山地税收入增长影响因素贡献绝对值变化　（单位：亿元）

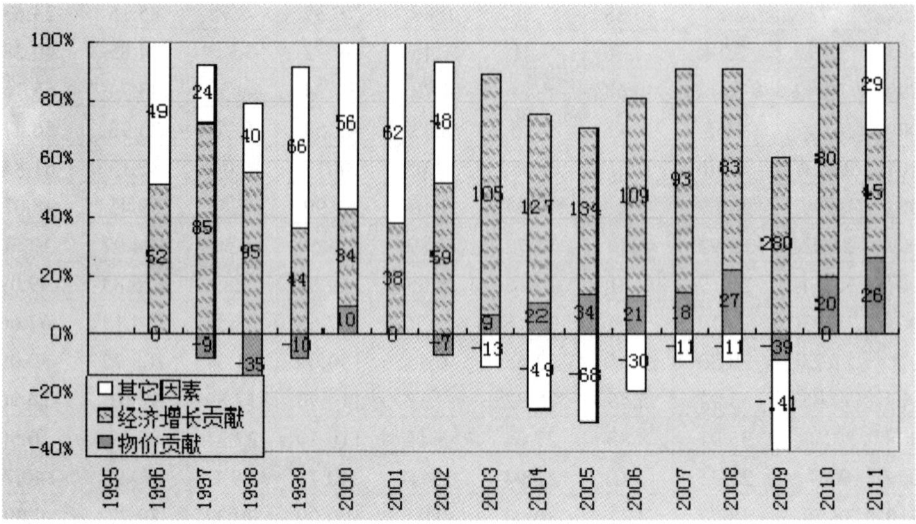

图 2　佛山地税收入增长影响因素的贡献份额变化　（单位：%）

（一）名义经济增长对税收收入的影响分析

经济增长对税收收入的影响一直为正面。从 1995 年至 2011 年，因经济增长的影响，佛山税收收入比上年增加额（自 2003 年以来）都在 10 亿元以上，特别是 2011 年达到 46.17 亿元。由经济增长因素使税收收入增加的份额自 2003 年以来均高于 100%，2010 年更是达到 240.78%，说明佛山地税收入增长对经济增长的依赖相当大，这验证了经济增长是税收增长的基础和源泉。

但经济增长各年相对贡献不平衡，反映了佛山经济税源提供的税收相对不稳定，波动性较大。

（二）实际经济增长因素及物价因素对地税收入的影响分析

从1996年到2011年，物价因素对地税收入的影响经历了一个从负影响到正影响的转变过程，以2003年为界，之前负影响，此后为正影响，到2011年达到17.05亿元的历史最高值。从贡献份额来看，从2004年到2008年对地税收入增长的贡献度基本在20%左右徘徊。受金融危机影响，2009年物价因素对地税收入增长的贡献出现历史拐点，由正转负为-3.63亿，相对贡献份额为-39.15%。2010年和2011年，由于国家四万亿投资入市的影响，物价水平不断上升，对地税收入增长产生较大正影响，贡献份额达20%~26%的高位。

扣除物价因素以后，实际经济增长对地税收入的影响与名义经济影响类似，也是一直为正且不断上升。在2003年以来由于物价上涨较快，使得实际经济增长对地税收入影响比名义经济增长影响有所减少，但在2009年由于物价负增长，实际经济增长对地税收入影响大于名义经济增长影响。从实际经济因素对地税增长的贡献度来看，1996~2002年为30~90%，从2003年到2006年均超过100%，2009年达到279.92%的历史最高位，在2011年由于经济发展不景气，对地税收入增长贡献有所回落，为44.59%。

（三）宏观税负因素（其他因素）对税收收入的影响分析

宏观税负因素既包括政策变量，也包括征管因素，还包括其他随机变量。宏观税负因素对税收收入的影响，可以是正的，也可以是负的。1996年至2002年，宏观税负因素对地税收入的贡献为正；从2003年开始，宏观税负因素对税收收入的影响额开始变为负值，于2005年达到一次高位-10.17亿元，此后仍为负贡献，但比重有所降低。直到2008年后受金融危机减税政策影响，2009年超过历史高位，达到-13.04亿元。2010年宏观税负因素影响较小，2011年对地税收入影响由负变正，达19.13亿元。从宏观税负（其他因素）因素对佛山地税收入影响的贡献份额来看，2002年以前为正影响，占地税收入增长贡献达20~60%；2003年开始是负影响，所占比重从2003年的-13.50%下降到2005年的-67.66%。此后几年负贡献又开始收窄，到2008年减小到-10.50%，但受金融危机影响2009年其他因素影响值达到-140.78%。

需要说明的是，从佛山地税的实际工作来看，对“其他因素”为负值的原因不能简单归结为征管不到位，因为对于特定时期而言，如果税收政策稳定，那么“其他因素”就更多地反映征管因素和其剩余因素对于税收增长的影响程度，反之，若税收政策变动较大，则其他因素不能简单归结为征管因素的影响。事实上，近年来国家政策性减税对税收影响较大，特别是为了应对金融危机刺激经济增长，国家陆续出台了一系列税收调整政策①，力度之大是 1994 年税制改革以来的第一次，这些都是影响税收收入的重大政策性减收因素。

表 3 “其他因素”中政策及征管等剩余因素分解 （单位：亿元，%）

年份	地税增加额（T_1-T_0）	其他因素影响绝对值	政策因素	征管因素	其他因素贡献份额%	政策因素	征管因素
2009	9.27	-13.04	-11.90	-1.14	-141%	-128%	-12%
2011	65.30	19.13	36.70	-17.57	29%	56%	-27%

例如 2009 年，据佛山地税局有关人员测算②，各种税收优惠政策估计影响 2009 年全年收入 11.9 亿元（见表 3），若剔除这一块影响，其他因素对地税收入增长的影响将变为［（-13.04）-（-11.9）］=-1.14 亿元）。即作为余数的征管因素在 2009 年对地税增长的贡献为-1.14 亿元。再如，2011 年佛山地税增加了契税和耕地占用费两个税种，共征收 36.7 亿元，若剔除这一块，征管因素对地税增长为负值贡献（-17.57 亿元）。但从总体来看，佛山地税的征管水平在全国乃至广东省都处于领先地位，多次得到省地税局和市领导部门的肯定和表彰，因而，征管因素是其他因素为负的一个原因，但不是主要因素。“其他因素”为负值应在其他剩余方面找原因。

本文认为，不能忽视佛山经济结构因素对地税收入的影响。目前，佛山经济正处于从传统制造业向现代服务业的经济转型升级期，经济发展质量不高③，在税收上表现为宏观税负较低。主要有：一是传统制造业占有较大比重，但税收贡献不高。佛山是典型的工业城市，2011 年第二、第三产业比重达 65:33，但第二产业地方税收贡献与产业发展很不协调，第二、第三产业的地税收入占整个地税收入的比重分别为 39.54%和 60.30%。主要原因是佛山第二产业主要以传统的劳动密集型、粗放型经营为主，企业利润空间不大，尽管第二产业 GDP 持续上升，但第二产业地方税源却不断消减。二是第三产业提供了地

① 个人住房转让营业税优惠、个人所得税扣除标准调整、新企业所得税法全面实施、土地使用税困难减免认定原则调整、增值税转型扩大固定资产抵扣、小规模纳税人税率调整等。

② 佛山市地方税务局计财科，应对挑战共克时艰确保税收收入可持续稳定增长，2009 年 12 月。

③ 广东省委书记汪洋在广东省委十届五次全会讨论时的讲话. 广州日报，2009 年 7 月 17 日。

税 2/3 的税源，但佛山第三产业发展相对滞后。2011 年佛山第三产业比重为 33%，不仅低于全国平均水平（42.6%）、广东省（45.6%）和珠三角平均水平（49.9%），而且低于同类城市东莞（52.5%）、无锡（41%）。第三产业发展滞后大大拉低佛山整个地税的税负水平，导致近几年佛山地方税收增长陷入与经济增长不同步、甚至低于经济增长的窘况。因此，依靠传统制造业发展和大规模投资拉动经济增长的工业化道路制约了佛山地税收入的持续增长，经济结构转型不到位，新的竞争优势尚未建立，是佛山地税其他因素为负的主要原因。

四、结论与对策建议

（一）主要结论

第一，物价因素是影响税收增长的重要变量，物价水平涨落能够对税收增长产生拉升或降低的作用。2004~2008 年，物价因素对于税收增长的贡献率总体在 20~30%左右。受金融危机影响，2009 年物价因素影响一度为负（-35.49%），但自 2010 年和 2011 年，受超发货币的影响，消费者物价指数 CPI 不断增长，导致物价对佛山地税收入的影响大于危机前。

第二，经济增长因素是影响税收增长的主导变量，经济增长的快慢决定了税收增长的快慢。2003~2008 年，真实经济增长对税收增长的贡献率接近 80~100%。受金融危机影响，经济不景气，对地税收入影响比危机前份额有所下降。

第三，金融危机下“政策和征管等其他因素”对地税增长的影响波动较大。1996 年到 2002 年期间，其他因素对地税收入的影响为正值，但 2003~2008 年，“其他因素”对于地税收入增长的贡献率为负值，并逐年下降。金融危机以来，2009 年政策因素对地税收入增长影响为-140.78%最低值。2010 年影响接近于零，2011 年影响为正值 29.3%。可见金融危机下其他因素对地税收入影响波动较大。其他因素中包括政策、征管和经济结构等因素。

（二）对策建议

基于上述研究结论，为保持佛山地税收入持续增长，本文提出三点建议：一是扩大经济总量。配合《珠三角规划纲要》的实施和广东省“产业和劳动力双转移”战略，优化产业（区域）布局，保持经济总量持续增长。按照《珠三角地区改革规划发展纲要》对佛山经济的发展定位，应加快先进制造业和现代服务业发展。二是加快经济结构升级，大力发展第三产业，重点是生产性服务业和现代服务业，以保持财政收入的 s 持续增长。在第三产业发展中，重点发展总部经济，摆脱过分依赖房地产和土地转让等一次性税源经济。同时，大力推动现代服务、信息、计算机软件、动漫等新兴产业，特别是生产性服务业的发展。三是控制物价过快上涨，保持经济健康发展。物价过快上涨导致税收的增加不是真实经济自然生成的结果，给评价和开展组织收入工作增加了许多不确定性。物价水平受多种宏观因素博弈作用，应采取各种措施控制物价过快增长，从而保证税收真实的和持续的增长。四是完善社会协税网络，精细化税源管理，加强税收征管工作。佛山中小企业众多，征缴难度大，并且地方税种具有零星分散、面广量大、隐蔽性强的特点，为此，应积极构建社会化协作网络，加强与财政、国税等部门的对接与配合，共享数据信息，推进社会综合治税工作。

参考文献

李晓燕、谢长青，2012：转型城市地税宏观税负特征及原因分析——基于佛山市的实证，《税务与经济》第 2 期。

潘石、孙飞，2008：中国与发展中国家宏观税负水平比较，《当代经济研究》第 7 期。

靳东升、王则斌，2008：十一五“期间经济可持续发展与宏观税负水平的选择，《地方财政研究》第 6 期。

孙玉栋，2006：《中国税收负担问题研究》，北京:中国人民大学出版社。

王道树，2008：关于税收增长影响因素的实证分析——统计学中的指数体系方法在税收分析领域的一个应用案例，《涉外税务》第 2 期。

王军平，2005：关于宏观税负与经济增长关系的探究，《山西财经大学学报》第 8 期。

武辉，2009：当前税收征管制度及结局策略分析，《财政研究》第 2 期。

雍梅，2008：我国税收增长与经济增长问题的研究，《金融财税》第 3 期。

张伦俊，2008：结构调整中的税收与经济增长关系，《统计研究》第 1 期。

Analysis on the Effects of Economic Growth, Price and Macro Tax Burden on Foshan Local Tax Revenue

Xie Changqing

Abstract: Using the index analysis method, this paper carries on quantative analysis on factors affecting Foshan local tax revenue during 1996-2011, such as economic growth, price and macro tax burden. On the basis of empirical analysis result, the author provides some suggestions on cultivating the Foshan tax source positively, which include controlling the price, strengthening the appraisal system, dealing with the influence of political-tax cut effectively, and strengthening tax collection and management.

Keywords: economic growth, macro tax burden, tax revenue growth, factor analysis, the index analysis method

企业网络位置、战略导向和企业绩效
——一个交互效应模型

徐　勇　陈晓慧[①]

摘　要：企业网络本身是一种重要的资产，对企业维持竞争优势非常关键。本文以连锁董事形成的企业网络为基础，采用社会网络分析方法，结合企业网络位置特征发生作用的背景，研究了企业网络位置四种结构特征、战略导向和企业绩效的关系。实证研究结果发现，中心性和结构洞显著正向影响企业绩效；战略导向与中心度和结构洞的交互项显著正向影响企业绩效。本文研究结论增进了我们对企业网络与企业绩效关系的了解，也为实践中构建与企业战略相匹配的网络结构提供了参考依据。

关键词：连锁董事、网络位置、战略导向、企业绩效
中图分类号：C29、F272.3

① 徐勇、陈晓慧，中山大学管理学院。

一、引 言

当前，技术的迅速更新换代和新市场的不断开拓构成了产业竞争的背景，企业的竞争优势不仅仅来源于企业自身，还来源于关系网络；其中，关系网络能够为单一企业提供在时代竞争背景下参与市场竞争所必需的灵活性，从而提升企业对市场的反应能力（Gulat 和 Sytch, 2007）。在新的竞争背景下，企业仅仅依靠内部化获取和调动资源不仅效率低下，而且往往缺乏竞争力。此时，网络成长（network-based growth）作为一种新的企业成长机制应运而生。单个企业通过建立正式或者非正式的（合作）关系建立网络，可以在特定范围和领域内快速取得共享资源以寻求网络化成长，已成为在复杂的商业环境下企业重要的成长方式和策略（Peng 和 Heath，1996）。对于企业个体而言，关系网络本身是一种重要的资产，对企业维持竞争优势至关重要（Dyer 和 Hatch，2006；Gulati 和 Sytch，2007；Kogut，2000）。

对网络进行相关研究的众多学者大都坚持：网络位置是获得经济利益的基础（Burt，1992）。在结构复杂的关系网络中，每个企业所处的位置不同。研究结果表明占据优势网络位置（network position）的企业在进行生产经营时将更具优势（Owen-Smith 和 Powell，2004），网络位置将对企业的行为和绩效产生重要的影响（Zaheer 和 McEvily，1999）。但是，企业网络位置仅代表获取外部资源和信息的一种可能的相对优势，网络位置如何对企业绩效产生影响（积极或消极）仍与其他多种因素有关（Koka 和 Prescott，2008）。比如，鲍威尔（Powell）等（1996）针对生物信息行业进行的实证研究结果表明，占据网络中心位置与企业绩效具有正相关关系；而马德哈万（Madhavan）（1996）在对钢铁行业的研究中却未能得出同样的结论。类似地，查希尔和贝尔（Zaheer and Bell）（2005）认为网络中丰富的结构洞可以提高创新水平，而阿胡佳（Ahuja）（2000）的研究结果却表明如此的网络位置导致较少的专利个数。面对研究结果的差异，我们认为，其原因可能是未能将网络位置与企业绩效之间关系的理论框架置于特定背景下进行深入探讨，因为一些权变因素可能对企业网络位置及其发生的作用产生重要影响（Burt，2000；Rowley、Behrens 和 Krackhardt，2000；Koka 和 Prescott，2002；Podolny、Stuart 和 Hannan，1996）。

企业网络的演化和发展使置身其中的企业“嵌入”了动态的网络环境中，网络中的成员企业为了获得更好的绩效水平，将不断寻求网络位置与企业整体战略的匹配。科卡和普利斯科特（Koka and Prescott）（2008）指出，企业在网络中寻求两种网络位置结构，一是通过占据网络中心，掌握关键的技术，建立更多的合作伙伴等战略，从而提高企业绩效，即“卓越网络位置”（prominence position）；二是通过信息多样化，避免冗余信息，掌控信息流等战略，进而提高企业绩效，即“创新网络位置”（entrepreneurial position）。“卓越网络位置”与“创新网络位置”可以理解为企业为了寻求对自身有利的网络位置而采用的战略。这两种战略的实施与企业的战略导向有关（Koka and Prescott，2008）。对于网络中“保守者”导向的企业来说，他们可能更加倾向于通过建立更多的直接联系，提升自身在网络的中心度，以获取“卓越网络位置”。而对于网络中“创业者”导向的企业来说，他们则可能倾向于采用可能获取多样化信息、技术的“创新网络位置”。对于这两种战略本身来说，并不存在“好”与“坏”的分别，关键在于，根据企业自身的情况，尤其是企业自身资源的情况，能否寻找到与企业匹配的战略。

因此，我们提出，作为权变因素，企业战略导向的变化会对网络位置与企业绩效二者的关系产生影响。与以往研究强调“网络是否会对企业绩效产生影响”不同的是，我们将重点探讨一个更为重要和细节的问题：网络位置会在何种情况下提高企业绩效，本研究将具体的战略导向维度纳入到“网络位置—企业绩效”研究模型中，分析它们对企业绩效的直接影响和其交互效应对企业绩效的影响。另外，除了以往研究中较多关注的中心性和结构洞两种典型的网络位置特征外，本研究增加两种重要的网络位置特征——弱联系和嵌入性，以期深化现有文献对网络位置问题的理解。

二、理论和研究假设

（一）网络位置的影响

林南（2005）关于社会资本的七个命题对社会网络对个体的作用机制和作用方式进行了全面的阐述，其中两个基础假定为：（1）行动的成功与社会资本正相关；（2）位置越好，行动者越可能获取和使用好的社会资本。从这两个基本假定出发，我们将研究四种企业网络位置结构——中心性、结构洞、弱关系和嵌入性对企业绩效的影响。

中心性是对社会学中“权力”的量化。不同学科领域对权力的衡量是不同的。在经典企业理论中，企业拥有的资源和能力代表了企业的“权力”；在社会网络理论中，个体或者组织的权力是因为其能够影响其他行动者，而中心性就是社会网络理论中衡量权力的一个重要指标。中心性是评价网络中行动者重要与否，衡量它的地位优越性或特权性，以及社会声望等常用的一个指标，在网络分析中常用这个指标来衡量网络结点（行动者）获取资源、控制资源的可能性（罗家德，2010）。欧文—史密斯和鲍威尔（Owen-Smith and Powell）（2004）通过对波士顿生物工程行业的样本企业的研究发现，在同一地域中，中心性对企业的创新绩效有积极影响。彭正银和廖天野（2008）的研究发现，企业所处的网络位置的中心性和企业治理绩效正相关。

综上所述，相对边缘位置的企业来说，处于中心位置的企业可以通过信息收益和控制收益提升企业绩效。处于中心位置的企业能更好地获得其他企业的行动和能力的信息，降低信息不对称程度，也更有机会接触到有价值的商业信息从而从中发掘商业机会；基于从属关系的控制收益可以为处于中心位置的企业提供建立竞争和战略优势的先发优势，例如科卡和普利斯科特（Koka and Prescott）（2008）提出，中心位置的企业能够获得定义产业或者网络规范的机会，这无疑将增加企业的竞争力。理论上，这两种机制的收益都可以帮助企业获得竞争优势和卓越的绩效。

因此，本文提出如下假设：

H1：企业处于网络的中心位置会对企业绩效产生正向影响。

结构洞是衡量网络中介位置的重要指标。具有较多结构洞的社会行动者更可能拥有联结稀疏的网络，因此他们可以成为联接不同群体之间的桥梁，并获得掮客收益（Burt，2000）。通常情况下，处于结构洞位置的行动者比没有处于这种位置的行动者表现更加出色。布特（Burt）（1992）在其结构洞理论中提出，在行动者的关系网络中，通过与分散的、非重复的结点联系，占据结构洞位置的行动者拥有更多的网络资源获取途径，他们控制着与其他结点之间的资源流动，使其处于更有权力的位置。由于这些资源是非重复性的，它更有利于行动者目标的实现，这样占据或接近更多的结构洞有利于工具性行为的成功。如果一个网络有严重的切割，形成了一个个分离的组件时，结构洞就会出现。结构洞在两个相对分离的部分之间可以起到“桥”的作用，起到信息沟通和交流的作用。处于桥位置的企业，其中介性就很高，在社会网络中，就占据了掌握信息流和商业机会的位置，获得中介利益。科卡和普利斯科特（Koka and Prescott）（2008）在研究全球钢铁行业企业形成的战略联盟时发现，在环境发生了法律变革和技术变革时，结构洞对企业绩效有显著的积极影响。钱锡红等（2010）选取了深圳 IC 产业企业为研究样本，研究发现结构洞对企业创新绩效产生积极影响。扎特尔和贝尔（Zaheer and Bell）（2005）研究加拿大基金公司因为董事和管理建立的企业关系网络后发现，占据结构洞位置的企业绩效更高，而创新能力强的企业，如果占据结构洞位置，其绩效更高。

综上所述，结构洞对于企业绩效而言，发挥着多样化的影响，包括提高企业效率、更易获取资源（包括信息和知识）、更容易识别和回应潜在的威胁和机会。因此，本文提出如下假设：

H2：企业处于网络的结构洞位置会对企业绩效产生正向影响。

格兰罗维特（Granovetter）（1973）在区分了关系强度的基础上，提出了著名的 “弱关系充当信息桥”的论断。他提出，在一个相互连接较为紧密的群体内部，单个个体所掌握的知识经常是相同的，所以通过强关系获得的信息往往存在高重复性。而弱关系使得个体对外连接的分布范围更广，因此弱关系能够充当获取异质信息的桥梁，通过弱关系，可以将嵌入在其他群体中的有价值信息带入另外一个群体中的某个个体。林（Lin）（2000）认为“弱关系往往联结着不同阶层、拥有不同资源的人们，所以资源的交换、借用和摄取，往往通过弱关系纽带来完成。而强关系联结着阶层相同、资源相似的个体，相似资源的交换既不十分必要，也不具有工具性的意义”。他还提出了社会资源理论的三大假设之一：弱关系强度假设——个人的社会网络异质性越大，通过弱关系摄取社会资源的机率也越高（Lin，1999）。扎特尔和贝尔（Zaheer and Bell）（2005）的研究提出企业网络中的间接联系越多，企业越能更好地利用企业内部能力，提高企业绩效；从另外一个角度，在企业关系网络中，强关系形成的是一种高密度网络，高密度网络可能形成密度冗余和结构冗余。密度冗余会使得网络中的行动者的信息范围非常小，缺乏必要的外部联系从而使得行动者对创新的视野有限；结构冗余表明企业在网络中获得的将是重复的信息，不利于企业间的学习和创新。钱锡红等（2010）也得出了类似的结论。弱关系可以帮助企业扩大信息涉猎的范围，从而有助于获取互补性知识，提升创新绩效。对处于技术生命周期大幅缩短的环境中的制造业企业而言，新知识或者新信息对于企业的生存和发展的意义更显重要。

综上所述，本文提出如下假设：

H3：企业在网络中建立的弱关系数量会对企业绩效产生正向影响。

嵌入性是经济社会学中的核心概念之一。嵌入性理论认为，企业的经济行为具有社会嵌入性，即嵌入在它与外部组织建立的各种关系网络之中。通过关系网络中的各种渠道，企业可以获得生产经营所需要的信息、知识和资金等资源，在这个基础上，企业可以进一步提高国际竞争能力和创新能力。研究者从不同的角度研究了嵌入性关系的结构如何影响企业生产经营的绩效。克勒曼（Coleman）（1988）的社会资本理论和布特（Burt）（1992）的结构洞理论揭示了不同的结构嵌入性对企业有益的影响。克勒曼（Coleman）认为结构紧密的网络能促进成员间信任，从而加强企业之间的合作；Burt 的观点则相反，他认为企业嵌入在松散的网络中能通过非冗余信息交换得到效率优势与中介优势（brokerage advantages）。艾克尔斯和特赛（Echols and Tsai）（2005）通过对美国创投行业的企业的研究发现，企业嵌入性与企业产品优势和管理优势发生交互作用，积极影响企业绩效。马兹（Uzzi）（1997）对美国纽约的服装行业企业进行研究，发现在同行业中，具有比较亲密关系（强关系）的企业更能够互相交流各自的知识。他将企业的对外关系分为嵌入型联结和疏远型联结，他的研究发现，相对于疏远型联结，通过嵌入型联结与网络伙伴联结在一起的企业具有更高的生存率，同时他的研究还显示，通过建立包含嵌入型联结和疏远型联结的综合型网络，企业可以获取更高的生存率。

综上所述，本文提出如下假设：

H4：企业在网络中更高的嵌入性会对企业绩效产生正向影响。

（二）网络位置和战略导向的交互作用

明茨伯格（2002）将战略管理分为十个流派，其中，迈尔斯和斯诺（Miles and Snow）（1978）对企业战略的分类属于结构学派。他们将战略导向分为四种类型，分别为展望者战略（prospector strategy）、分析者战略（analyzer strategy）、防御者战略（defender strategy）和反应者战略（reactor strategy）。展望者积极寻求新产品和市场机会（即多元化经营程度高），其关键是在技术上和管理秩序上保持灵活性。防御者关心稳定，即如何为了创造一个稳定领域而封锁一部分市场，把有限的产品导入整个市场中的某个狭窄区域（即多元化经营程度低）。为了排除竞争者，防御者的价格具有竞争性或者专注质量，技术效率非常重要，受到了组织的严密控制。分析者处于展望者和防御者之间，其寻求风险最小化和利益最大化，所以其手段被称为“平衡手段”。反应者与其他三者不同，是根据环境进行反应，这可以被认为是一种失败，是不连续和不稳定的，可以被认为是三种战略之外所产生的一种“剩余”的战略。因此，明茨伯格（2002）认为，迈尔斯和斯诺（Miles and Snow）关于战略的分类主要包含两种基本形式，即展望者战略和防御者战略，分析者战略是一种过渡形式，反应者战略则为一种不恰当的战略。综上所述，本研究认为战略导向是企业在展望者战略和防御者战略之间的任何一个选择，展望者战略和防御者战略可以被认为是战略方向相反的两个极端，当企业的战略行为符合展望者战略的特征时，表明企业更倾向于实施展望者战略，反之则表明企业更倾向于实施防御者战略。

处于中心位置的企业拥有多重信息渠道，有利于获取新信息和知识分享。网络中心位置可以为企业提供接触重要且有价值信息的机会，因为他们和网络中很多其他企业有直接的联系。这种密切的联结关系可以使企业快速便捷地获取有价值的信息。直接联系可以减少企业搜索信息的成本，并促进企业搜索和转移信息过程效率的提高。霍斯金森等（Hoskisson etc）（1993）的研究发现，网络间企业知识或者信息的交换，使得企业产品差异化的表现更加出色，使得多元化的企业能够更加有效地降低运营成本。中心位置的企业可以汇聚多源信息，争取到合作机会。合作企业之间的联接会导致企业之间的相互依赖（Rowley 等，2000），而相互依赖与伙伴之间资源承诺程度又有着直接的关系。资源承诺程度越高，企业间合作的频率就越高，从而提升了合作关系的“质量”。这种直接关系将企业推向了网络中心位置，通过直接联系可以促进企业间的彼此了解，并有利于缄默性知识在组织间的转移（Larson，1992）。

展望者战略适用于动态的、不确定的环境，可以保持企业跟随环境变化的灵活性，企业注重新产品的开发和市场机遇的发现，战略核心是“变”。Miles 和 Snow（1978）指出，在企业战略层面上，展望者的关键是如何定位和开发新的产品和市场机遇，这需要企业不断大胆开拓新市场，监视大范围的外部环境，进行行业创新，通过产品和市场的开发实现增长，激进中寻求增长；在技术层面上，其关键是开展技术多元化；在经营管理层面，其关键是管理秩序上保持灵活性。这些战略的有效性依赖于组织内外各种战略因素、不同结构和环境的内在一致性和协调性（Doty 等，1993）。展望者除了拥有自己的核心技术外，还在不断寻求其他技术使得他们能够服务于更大、更广的市场。相对于分析者和防御者而言，实施展望者战略的企业更加容易首先进入全新的市场（Koka 和 Prescott，2008）。

对于展望者战略企业来说，外部环境中可靠的信息对其非常重要，其获取这些信息的频率要求也更高。处于网络中心位置的企业意味着跟更多其他企业建立了直接联系，这种直接联系能够帮助企业获取更加可靠的、相似的行业信息（技术和市场信息），从而降低运营成本，使得企业对现有主营业务的竞争力加强，现有业务的强大是企业拓展其他市场的基础。科卡和普里斯科特（Koka and Prescott）（2008）在研究中心性的作用时发现，当企业倾向于进行多元化（产品和地域）战略时，中心性对企业绩效有显著的提高作用。因此，本文假设：

H5a：企业展望者战略导向正向调节中心度与企业绩效的关系。

沃克等（Walker etc）（1997）研究了结构洞能够发生作用的环境，结果发现，在交易关系中，结构洞能够发生作用；在合作关系中，结构洞则对企业绩效没有影响。这是因为结构洞主要是通过"第三方"角色获取收益，在合作关系中，企业之间的信任和真诚是取得成功的关键，因此这个时候结构洞发挥的作用就不明显，只是在交易关系这样需要"玩伎俩"的关系中，结构洞才能发挥其效益。结构洞位置能够帮助企业有机会从网络中不同的部分获取"独一无二"的信息，这些信息对于展望者来说意义重大。如前面分析的那样，展望者因为不断开发新的市场，需要开发更多的商业机会，因此结构洞的位置能够帮助企业获取这样相对"独一无二"的商业机会。

处于结构洞位置的企业往往因为自身所处的优势地位，可以更多地接触到多样化的信息，他们的桥梁作用极有可能在不同信息背景的群体之间发挥，当然，这种信息多样化的优势也来自于合作伙伴属性的多样化（Koka 和 Prescott，2002）。在企业网络中，成员企业往往在不同的细分市场经营，采用不同的技术，执行不同的战略，这些都是导致信息多样化的原因。在这样的网络环境中，处于中介位置的企业可以利用其结构洞的优势地位获取收益（Burt，2000）。杨锐和黄国安（2005）研究杭州手机产业集群时发现，结构洞位置能够提升企业创新绩效。阿胡佳（Ahuja）（2000）研究跨国化学企业时发现，结构洞对企业创新具有积极的影响。

综上所述，本文提出如下假设：

H5b：企业展望者战略导向正向调节结构洞与企业绩效的关系。

弱关系之所以比强关系更重要，是因为前者在摄取社会资源时比后者更有效（Granovetter，1973）。阿胡佳（Ahuja）（2000）在吸收"弱关系理论"

的基础上，提出了在企业关系网络中广泛存在着间接联系，并认为间接联系可以通过信息收集和信息处理或过滤两种形式来提升企业绩效。正如前面所分析，弱关系联结着不同阶层、拥有不同资源的个体，所以资源（特别是异质资源）的交换、借用和摄取，往往通过弱关系纽带来完成。

展望者战略企业为了开拓新市场需要获取多样化的商业和技术信息。这些商业和技术信息往往是和企业现有的市场和技术相差比较大的，因此信息的多样性和异质性是企业实施展望者战略的关键。罗雷等（Rowley etc）（2000）认为，企业所处网络环境的多样性或者稀疏性适合企业探测外部环境。本研究中定义的弱关系和嵌入性网络位置具有这样的优势。阿胡佳（Ahuja）（2000）将弱关系定义为间接连接，其研究发现，间接连接都对企业创新有正向的影响。古拉蒂（Gulati）（1995）指出，间接联系是企业信息的来源之一，可以扩大企业信息的涉猎范围并提供所需的有效信息，从而有助于获取互补性知识，提升企业创新绩效。因此，本文假设：

H5c：企业展望者战略导向正向调节弱联系与企业绩效的关系。

本研究所指的嵌入性具有两个方面的特点，一方面嵌入性表示企业与其所嵌入的小团体（即为派系，此概念在后面关于嵌入性的测量中有详细说明和解释）中的其他成员有紧密联系，另一方面嵌入性还表示了企业参与到各种派系中的次数，即表示其建立关系的多样性。Koka 和 Prescott（2008）在分析防御者战略的保守一面时指出，防御者关注的是其现有的市场和技术，对现有的市场和技术的深度开发获取的竞争优势是其取得高运营效率的重要体现。这样的企业需要从其他同类型的企业中获取更加详尽和可靠的信息，从而降低自己的运营成本。这种信息的获取，依靠的是多方面和稳定的关系，这种关系是通过伙伴之间较强的相互依赖而形成的。衡量企业这种关系的指标就是我们根据网络派系的存在而取得的嵌入性。派系是网络中连接较为紧密的一个个小的团体，本研究中对这种较为紧密的连接的要求非常苛刻，即要求这个“小团体”中所有成员都直接相连，也就是这个“小团体”的网络密度为 1。这种“小团体”满足前述“稳定的关系”这一要求，同时，嵌入性衡量的是企业参与到这种紧密的“小团体”的次数，在一个网络中，可能存在多个这样的“小团体”，企业也可能同时参与到多个“小团体”之中，因而满足了“多方面的关系”这一要求。

综上所述，本文提出如下假设：

H5d：企业防御者战略导向正向调节嵌入性与企业绩效的关系。

三、数据收集和变量测量

（一）样本范围和数据获取

本文根据中国证监会《上市公司分类指引》分类的制造业和信息技术业类纯A股上市企业为样本选取范围。在样本的选择中，剔除经营异常的T类公司，剔除年报数据缺失的公司，最终确定875家公司作为初始研究样本。本研究的数据来源于CSMAR数据库、Wind数据库和中国知识产权局专利数据库。

在获取了企业董事数据之后，本研究的企业网络位置数据是通过UCINET社会网络分析软件获取。在875个样本企业中，我们统计出了8398名企业董事（包括独立董事），我们运用EXCEL软件对董事数据进行了初步处理，为了剔除重名的情况，保证每一个名字只对应一个董事，我们核对了这些董事的年龄、简历等信息，剔除了同名不同人的情况共411人，最终我们发现了527名符合连锁董事定义的董事，从而形成了一个规模为875×527的个案—隶属关系矩阵（公司—董事关系矩阵）。公司—董事矩阵的每个格值用二进制数“1”或者“0”来表示，分别表达了每个连锁董事是否出现在每个公司中。本文研究的是企业（行动者/个案）之间的关系结构，因此我们所需要的是行动者之间是否由于共同隶属于一个事项而关联在一起的信息，也就是个案—个案关系矩阵（公司—公司关系矩阵），该矩阵展示了行动者之间实际存在的关系。个案—隶属关系矩阵可向个案—个案关系矩阵转换，这个过程通过UCINET软件完成。通过对前面个案—隶属关系矩阵（矩阵规模为875×527）进行转换，就可以得到最终需要的公司—公司关系矩阵（矩阵规模为875×875）。

（二）企业网络的界定

所有对群体结构进行测量的都应该起始于“子群”（斯科特，2007）。为了对基于连锁董事形成的企业网络有一个直观和清晰的认识，第一步需要进行成分分析。成分分析的目的是发现875个样本企业形成的企业网络中的“子图/群（sub-graph）”，每个子群构成了一个真正意义的社会网络。通过对前面得到的875×875矩阵的成分分析发现，这875家企业形成了28个“成分”（这里限定一个成分中最少包含3家企业）。其中存在一个最大关联的成分，由435家企业组成。至此，我们得到了最适合本研究的样本，并基于该成分的样本企业进行假设检验。

（三）变量测量

1. 中心性（Cent）

“中心性”是网络分析中的一个关键的结构指针，刻画中心性的指标分为三种形式：包括程度中心性（degree centrality）、亲近中心性（closeness centrality）和中介中心性。为了全面反映样本企业在网络中的中心性，本研究通过 UCINET 软件获取了以上三种反映中心性的指标后，再利用 SPSS 软件对这三个指标进行了主成分分析，最后得出了一个反映中心性的综合指标。

2. 结构洞（S-Hole）

总体来说结构洞存在两类计算指标：一类是布特（Burt）（1992）给出的结构洞指数，包括四个方面：有效规模、效率、限制度和等级度；第二类是中介中心性指数。二者在度量结构洞效应上各有优势，但是二者的相关度也非常高（刘军，2009）。本研究采用前一种测量方式。为了全面反映样本企业在网络中的结构洞位置，本研究通过 UCINET 软件获取了以上四种反映结构洞的指标后，同样利用 SPSS 软件对这四个指标进行了主成分分析，最后得出了一个反映结构洞的综合指标。

3. 弱关系（Weak-T）

格兰罗维特（Granovetter）（1973）在对强弱关系测量维度的定义中指出，行动者之间的亲密程度是衡量强弱关系的重要指标之一。在企业网络中，除存在直接联系外，企业之间还存在广泛的间接联系，即两个行动者之间需要通过一个第三者才能发生的联系。企业之间的直接联系可以被认为是一种强关系，间接联系则可以被认为是一种弱关系。间接联系可以通过计算距离企业 2 以上的节点数来测量，但是阿胡佳（Ahuja）（2000）认为同等对待不同距离的间接联系是不科学的，因为企业间关系会随着距离的增大而减弱，间接联系的作用随企业间距离的增加将发生衰减，因此，本研究采用 2 步内可以到达的节点数表示每个企业具有的弱关系程度。

4. 嵌入性（Emb）

UCINET 等软件中并没有直接给出个体嵌入性的测量方法，本研究根据“嵌入性”的思想，对企业的嵌入性进行了定量刻画，从而能够定量分析嵌入性对企业绩效的影响。对样本企业形成的企业网络进行派系分析后，统计出每个企业参与派系的次数。在整个网络中，派系相当于一个成员之间联系较为紧密的子网络，或者称为凝聚子群，这种子群内各个成员之间存在相对紧密的联系，这些子群是企业存在的重要外部环境。从以上角度，企业参与派系的次数就反应了单个企业嵌入外部环境的程度。利用 UCINET 软件找出了由 435 个企业形成的企业网络中的派系，并依此计算嵌入性这个变量。

5. 战略导向（SO）

很多研究都将两种基本形式的战略导向——展望者战略导向和防御者战略导向看成是一种连续的过程。Koka 和 Prescott（2008）在其研究中采用了两种方式测量以上这种战略导向分类，方法之一将这些战略导向定义为分类变量，采用综合标准（文中采用的标准有：是否采用了某种关键技术、跨行业数和企业规模）将这些战略导向区分开；另外一种方法将这些战略导向视为连续变量，用销售比例来衡量不同战略导向。后一种方式实际上是衡量企业的多元化程度，多元化程度高代表企业更倾向于采用展望者战略，多元化程度低代表企业更倾向于采用防御者战略。他们的研究发现，这两种方法得出的结论是一致的。本研究采用后一种方法测量企业的战略导向。本研究采用业务计数法来衡量企业的多元化程度，即用样本公司在报告期内所涉及的产业或行业数来反映公司的多元化程度。在获取了企业 2009 年度的业务种类的数据后，我们根据证监会的《上市公司行业分类指引》，将企业的业务所涉及的行业精确到大类（门类为单字母升序编码；次类为单字母加一位数字编码；大类为单字母加两位数字编码；中类为单字母加四位数字编码）。例如，制造业（C）下分为食品、饮料业（C0）等，食品、饮料业下在划分为食品加工业（C01）等，我们统计到了食品加工业（C01）这一层。然后对在这一层次相同的行业进行了合并。

6. 企业绩效（Perf）

企业绩效评价指标的选择对实证分析结果至关重要，选取的指标必须具有可量性、可控性和实用性。指标数量选得过少，分析结果中的主成分因子难以全面科学地反映样本的实际业绩；选得过多，会出现一个主成分因子在多个指标上出现较高载荷；因而失去该因子的显著意义。为客观、真实、全面、系统评价上市公司的经营业绩，本研究运用主成分分析法构建综合绩效指标。使用多指标测量企业价值，这是因为考虑到企业管理模式不同则其价值的外在表现也不同。本研究用反映企业财务绩效的总资产净利润率（ROA）、反映企业经营效率的营业利润率 (OPP) 和反映企业市场价值的托宾 Q 值 (TQ)，利用主成分分析来综合评价企业绩效。

7. 其他变量

控制变量。为了更加准确分析网络位置、战略导向和绩效之间的关系，本研究还选取企业年龄（Age）和企业规模（Size）作为控制变量。企业年龄越大，在其经营期间积累的社会关系越多，其可以利用的资源可能越丰富，本研究用 2009 减去企业成立时间来衡量企业年龄；企业规模越大，其资源就越丰富，受到社会各方面的关注越多，本研究用企业期末总资产的自然对数衡量企业规模。

四、实证分析和结果

（一）相关性检验

表 1 反映了本研究各个变量之间的相关系数和显著性。

表 1　网络位置、战略导向变量的相关性分析

	Perf	Size	Age	SO	Cent	SHole	WeakT
Perf	1.000						
Size	-0.246*** （0.000）	1.000					
Age	-0.067*** （0.000）	0.189*** （0.000）	1.000				
SO	0.030** （0.041）	0.025 （0.086）	0.122*** （0.000）	1.000			
Cent	0.045*** （0.002）	0.192*** （0.000）	-0.035** （0.018）	0.021 （0.154）	1.000		
SHole	0.075*** （0.000）	0.174*** （0.000）	-0.059*** （0.000）	-0.005 （0.715）	0.815*** （0.000）	1.000	
WeakT	0.036** （0.015）	0.129*** （0.000）	-0.076*** （0.000）	-0.020 （0.172）	0.860*** （0.000）	0.801*** （0.000）	1.000
Emb	0.054*** （0.000）	0.046*** （0.002）	-0.056*** （0.000）	-0.024* （0.098）	0.564*** （0.000）	0.611*** （0.000）	0.669*** （0.000）

注：***、**、*分别表示双尾检验在 1%、5%和 10%的显著水平。

从表 1 还可以看出，中心性、结构洞、弱关系和嵌入性之间在 0.01 显著水平上存在相关性，并且相关系数都大于 0.5，因此，在回归分析中，为了避免自变量之间的多重共线性问题，本研究将基于这四个关键自变量分别构建回归模型。战略导向与网络位置四个变量之间的相关系数都在 0.1 以下，因此战略导向与这四个变量构建模型时，不会出现多重共线性问题。

（二）回归分析

模型 M1、M2、M3、M4 中 step1 分别检验了网络位置特征的四个变量对企业绩效的影响。回归分析结果见表 2。

表 2　网络位置与企业绩效

Model / Var	M1	M2	M3	M4
	Step1	Step1	Step1	Step1
Size	-0.399*** （-5.432）	-0.401*** （-5.469）	-0.387*** （-5.303）	-0.374*** （-5.186）
Age	0.017 （0.238）	0.022 （0.304）	0.021 （0.297）	0.021 （0.291）
Cent	0.146** （2.055）			
SHole		0.159** （2.247）		
WeakT			0.115 （1.629）	
Emb				0.109 （1.569）
Adjust R^2	0.062	0.064	0.059	0.059
F 值	10.619***	10.912***	10.063***	9.995***

注：*表示 P<0.1；**表示 P<0.05；***表示 P<0.01。

从表 2 可以看出，在控制了企业规模和企业年龄之后，中心性对企业绩效有显著的正向影响（β=0.146），因此，在 5%的显著水平上，假设 H1 成立；结构洞对企业绩效有显著的正向影响（β=0.159），因此，在 5%的显著水平上，假设 H2 成立；从回归分析的结果我们发现，弱关系和嵌入性对企业绩效的影响不显著，因此假设 H3 和 H4 不成立。

中心性和结构洞分别代表了网络中的“权力”和“第三方”，因此这两个指标对企业的最主要利益贡献在于为企业带来了控制收益。而弱关系和嵌入性则不同，它们代表了企业在网络中关系的广度，弱关系和嵌入性强的企业在网络中获取信息或者资源的范围更广，即企业对外联系更具有多样性。在单独对绩效发生作用时，中心性和结构洞带来的控制利益相对于弱关系和嵌入性带来的信息收益显著影响了企业绩效。

进一步，为了检验战略导向和企业各种网络位置的交互作用，我们在回归模型中加入网络位置变量和战略导向变量的交互项，为了避免交互项引起的多重共线性问题，我们对变量都进行了标准化处理。我们用反映网络位置特征的四个变量分别与战略导向及其交互项构建检验模型。分析结果见表 3。

表 3 战略导向和企业各种网络位置的交互作用

Model / Var	M1	M2	M3	M4
	Step2	Step2	Step2	Step2
Size	-0.404*** (-18.156)	-0.406*** (-18.297)	-0.386*** (-17.401)	-0.384*** (-17.508)
Age	-0.034 (-1.448)	-0.025 (-1.083)	-0.031 (-1.327)	-0.020 (-0.871)
SO	0.035* (1.651)	0.055*** (2.606)	0.060*** (2.810)	0.055** (2.582)
Cent	0.121*** (5.575)			
SHole		0.189*** (8.517)		
WeakT			0.103*** (4.710)	
Emb				0.106*** (4.873)
Cent×SO	0.112*** (6.851)			
SHole×SO		0.068*** (3.178)		
WeakT×SO			0.005 (0.261)	
Emb×SO				-0.114*** (-5.109)
Adjust R^2	0.079	0.078	0.066	0.071
F 值	82.086***	80.30***	67.651***	73.023***

注：*表示 P<0.1；**表示 P<0.05；***表示 P<0.01。

从表 3 我们可以发现，Cent×SO 交互项的 β 系数为 0.112，在 1%的显著性水平下，展望者战略导向与中心性的交互项对企业绩效有显著的正向影响，因此假设 H5a 得到支持；SHole×SO 交互项系数为 0.068，同样在 1%的显著水平下，展望者战略导向与结构洞的交互项对企业绩效有显著的正向影响，假设 H5b 成立；WeakT×SO 交互项系数为 0.005，但是结果不显著，因此战略导向和弱关系的交互项对企业绩效没有显著影响，因此假设 H5c 得不到支持；Emb×SO 交互项系数为-0.114（这里采用多元化程度衡量战略导向时，多元化程度对于展望者战略导向而言为正向指标，对于防御者战略而言为负向指标，因此这里的系数为负表示防御者战略发挥了正向作用），在 1%的显著水平下，防御者战略导向嵌入性的交互项对企业绩效有显著正向影响，因此假设 H5d 得到支持。

正如前面我们分析过的一样，展望者战略被定义为采用该战略类型的组织，致力于新产品和新市场的开发，试图创造不稳定的环境，不断地改变企业生产线以寻求新的市场机会，该企业可以及时发现和抓住新的机会，在竞争中扮演积极主动的角色。很明显，实施展望者战略企业比实施防御者战略企业更加容易实施多元化战略（产品和地域）。展望者除了拥有自己的核心技术外，还在不断寻求其他技术来使得他们能够服务于更大、更广的市场。相对于分析者和防御者而言，实施展望者战略的企业更加容易首先进入全新的市场。处于网络中心位置的企业可以从两种机制中获取收益。首先，中心位置使得企业有更大的机会接触重要且有价值的信息；其次，基于从属关系的收益可以为处于中心位置的企业提供建立竞争和战略优势的先发优势，例如，处于中心位置的企业能够获得定义产业或者网络的规范的机会，这无疑将增加企业的竞争力。理论上，这两种机制的收益都可以帮助企业获得竞争优势和卓越的绩效。结构洞位置能够帮助企业有机会从网络中不同的部分获取“独一无二”的信息，这些信息对于展望者来说意义重大，如前面分析的那样，展望者因为不断开发新的市场，需要开发更多的商业机会，因此结构洞的位置能够帮助企业获取这样相对“独一无二”的商业机会。我们的研究还发现，嵌入性和战略导向的交互项显著负向影响企业绩效，也就是说，实施防御者战略时，嵌入性对企业绩效的影响更加显著。本研究所指的嵌入性具有两个方面的特点，一方面嵌入性表示企业与其所嵌入的小团体中的其他成员有紧密联系，另一方面嵌入性还表示了企业参与到各种派系中的次数，即表示其建立关系的多样性。这两种特点正好是实施防御者战略的企业在企业关系网络中所期望得到的优势资源。

五、结论与讨论

Peterafd 等（1993）指出，传统战略管理理论是用资源观来解释企业的不同表现，资源观关注企业的两个方面：企业拥有的资源和企业内部能力。而网络理论则强调企业通过网络对外部资源获取的可能性，从战略的角度看待企业所处的关系网络，企业与其他组织形成的关系网络中的嵌入性是影响企业绩效的重要因素（Gulati 和 Sytch，2007）。以往的研究和实践活动大多都是关注公司治理的正式制度，如通过法律文件形成的实体企业之间的合作。本研究关注了一种非正式的公司治理制度——企业网络。这种非正式的治理制度和信息机制被认为是正式制度的一种替代或者补充（Sinani 等，2008）。这种非正式治理制度是通过企业的连锁董事而形成的。从国内外实证研究发现，连锁董事和由连锁董事形成的企业网络对企业战略和绩效具有不可忽视的影响，如更容易产生创新、产生战略模仿、促进企业获取外部资源、建立企业间联盟以及提高公司治理绩效等（任兵等，2008）。因此本文的意义之一在于跳出了连锁董事的微观层面——企业内部的董事结构，从连锁董事的中观层面，即企业层面，探讨其存在的形式和价值。本文的意义之二是认识和解释了企业网络在特定背景下的作用机制。企业战略导向代表了企业的战略选择或战略方向，Zahra 等（2000）认为战略导向的概念反映了企业家和企业高层管理者对环境的感知以及他们对环境条件的反应。企业战略导向能够获得成功，需要企业内外各种因素的配合和协调。

我们以 2009 年度的上市公司为样本，研究了企业网络位置结构、战略导向和企业绩效的关系。根据中心性、结构洞、弱关系和嵌入性本身的特性，企业网络位置给企业带来的收益可以被分为信息收益和控制收益。在我们分析的四种企业网络位置中，每一种网络位置在这两种收益中的表现是不同的。在社会学领域中，中心性代表了一种“权力”，这种权力表现出了良好的信息收益和控制收益。结构洞代表了一种“第三方”的空间，虽然它也可以表现出一定的信息收益，但是其最主要的还是表现为使占据结构洞位置的企业能够获取控制收益，能够在各个方面的关系中发挥“第三方”角色的作用。

相对于中心性带来的信息收益，弱关系则表现出了一种不同类型的信息收益，这种信息收益来源于获取信息的多样性和异质性，多样性和异质性的信息对于实施创新和激进战略行为的企业而言至关重要。嵌入性同样表现出了一种信息收益，这种信息收益的特征表现出一种稳定性的特征，但是，嵌入性在发生作用时存在其内生的缺陷，即嵌入性太高容易使企业陷于一种“过度嵌入”的状态，这种状态使得企业对外建立的关系成为企业发展的负担。基于以上这样的划分和分析，可以使本研究的研究内容和结论更加易于指导和应用于实践活动。

本文研究结果显示，战略导向与中心度和结构洞的交互项显著正向影响企业绩效，这说明当企业采用展望者战略这种相对较为激进的企业战略时，中心度和结构洞更能够产生积极的作用。正如前面我们分析过的一样，采用展望者战略的企业需要从外部获取更多技术和市场方面的信息，通过连锁董事形成的企业网络，这些有价值的信息嵌入在这个网络中，企业通过占据相对较好的网络位置，将增大获取这些信息的效率，从而影响企业的绩效。实施防御者战略时，嵌入性对企业绩效的影响更加显著。防御者战略是一种相对保守的战略导向，其特点是对现有产品和市场的维持，最有效地实现现有产品或服务的生产与销售，这样的企业需要从其他同类型的企业中获取更加详尽的和可靠的信息，从而降低自己的运营成本。这种信息的获取，依靠的是多方面的和稳定的关系，这种关系是通过伙伴之间较强的相互依赖而形成的。中心度代表了企业建立的直接联系，弱关系代表了其建立的间接联系，根据边（Bian）（1997）的研究，在中国社会经济背景下，强关系的作用要大于弱关系的作用。他认为这里的关键是要区分网络中的两个因素：信息和影响。格兰罗维特（Granovetter）（1983）也认为信息和影响是两种不同的资源。弱关系在传播信息中是有效的，但是基于信任和义务的强关系在接近代价更高和更难获得的影响时更有优势（Bian，1997）。本研究有关研究结果也从侧面支持了这个结论。

网络位置发生作用的条件是不同的，这也就是说在实践中，企业需要根据发展阶段和方式、企业能力、企业资源等综合性因素来建立企业的外部网络，不能够盲目追求这些社会学意义上所谓的好的位置，需要针对不同层面、不同对外关系进行区分和运用。

本研究的局限性主要在两个方面。第一，本研究只是对企业网络特征进行了结构性刻画，对于网络的完整理解，需要从结构、关系特征与结点特征三个维度加以全面刻画，这样才有助于我们深入理解社会网络的强大功能与整体性作用机理。第二，本研究收集的是横截面数据，更为严谨的相关关系和因果关系还需要纵向研究来加以验证。

参考文献

刘军，2009：《整体网络分析讲义》，上海：上海人民出版社。

林南，2005：《社会资本——关于社会结构和社会行动的理论》，上海：上海人民出版社。

罗家德，2010：《社会网络分析讲义》，北京：社会科学文献出版社。

明茨伯格，刘瑞红译，2002：《战略历程：纵览战略管理学派》，北京：机械工业出版社。

彭正银、廖天野，2008：连锁董事治理效应的实证分析——基于内在机理视角的探讨，《南开管理评论》第 2 期。

钱锡红、徐万里、杨永福，2010：企业网络位置、间接联系与创新绩效，《中国工业经济》第 2 期。

任兵、阎大颖、张婧婷，2008：连锁董事与企业战略：前沿理论与实证研究评述，《南开学报（哲学社会科学版）》第 3 期。

斯科特，2007：《社会网络分析方法（第 2 版）》，重庆：重庆大学出版社。

韦影，2007：企业社会资本与技术创新：基于吸收能力的实证研究，《中国工业经济》第 9 期。

杨锐、黄国安，2005：网络位置和创新——杭州手机产业集群的社会网络分析，《工业技术经济》第 7 期。

Ahuja, G., 2000, Collaboration Networks, Structural Holes, and Innovation: A Longitudinal Study, *Administrative Science Quarterly*, 45(3), 425-455.

Bian, Y. J., 1997, Bringing Strong Ties Back in: Indirect Ties, Network Bridges, and Job Searches in China, *American Sociological Review*, 62(3), 366-385.

Burt, R. S., 1992, *Structural Holes: The Social Structure of Competition*, Harvard University Press.

Burt, R. S., 1997, The Contingent Value of Social Capital, *Administrative Science Quarterly*, 42(2), 339-365.

Burt, R. S., 2000, The Network Structure of Social Capital, *Research in Organizational Behavior*, 22, 345-423.

Cohen, W. M. and D. A. Levinthal, 1990, Absorptive Capacity: A New Perspective on Learning and Innovation, *Administrative Science Quarterly*, 35(1), 128-142.

Coleman, J. S., 1988, Social Capital in the Creation of Human Capital, *American Journal of Sociology*, 94, 95-120.

Doty, D. H., W. H. Glick and G. P. Huber, 1993, Fit, Equifinality, and Organizational Effectiveness: A Test of Two Configurational Theories, *Academy of Management Journal*, 36(6), 1196-1250.

Dyer, J. H. and N. W. Hatch, 2006, Relation-specific Capabilities and Barriers to Knowledge Transfers: Creating Advantage through Network Relationships, *Strategic Management Journal*, 27(8), 701-719.

Echols, A. and W. Tsai, 2005, Niche and Performance: The Moderating Role of Network Embeddedness, *Strategic Management Journal*, 26(3), 219-238.

Farjoun, M., 1998, The Independent and Joint Effects of the Skill and Physical Bases of Relatedness in Diversification, *Strategic Management Journal*, 19(7), 611-630.

Granovetter, M., 1973, The Strength of Weak Ties, *The American Journal of Sociology*, 78(6), 1360-1380.

Granovetter, M., 1983, The Strength of Weak Ties: A Network Theory Revisited, *Sociological Theory*, 1(1), 201-233.

Gulati, R., 1995, Does Familiarity Breed Trust? The Implications of Repeated Ties for Contractual Choice in Alliances, *The Academy of Management Journal*, 38(1), 85-112.

Gulati, R. and M. Sytch, 2007, Dependence Asymmetry and Joint Dependence in Interorganizational Relationships: Effects of Embeddedness on a Manufacturer's Performance in Procurement Relationships, *Administrative Science Quarterly*, 52(1), 32-69.

Hansen, M. T., 1999, The Search-transfer Problem: The Role of Weak Ties in Sharing Knowledge across Organization Subunits, *Administrative Science Quarterly*, 44(1), 82-85.

Hoskisson, R. E., M. A. Hitt and C. W. L. Hill, 1993, Managerial Incentives and Investment in R&D in Large Multiproduct Firms, *Organization Science*, 4(2), 325-341.

Kogut, B., 2000, The Network as Knowledge: Generative Rules and the Emergence of Structure, *Strategic Management Journal,* 21(3), 405-425.

Koka, B. R. and J. E. Prescott, 2002, Strategic Alliances as Social Capital: A Multidimensional View, *Strategic Management Journal*, 23(9), 795-816.

Koka, B. R. and J. E. Prescott, 2008, Designing Alliance Networks: The Influence of Network Position, Environmental Change, and Strategy on Firm Performance, *Strategic Management Journal*, 29(6), 639-661.

Larson, A., 1992, Network Dyads in Entrepreneurial Settings: A study of the Governance of Exchange Processes, *Administrative Science Quarterly*, 37(1), 76-104.

Lin, N., 1999, Social Networks and Status Attainment, *Annual Review of Sociology*, 25, 467-487.

Lin, N., 2000, Inequality in Social Capital, *Contemporary Sociology*, 29(6), 785-795.

Madhavan, R., B. R. Koka and J. E. Prescott, 1998, Networks in Transition: How Industry Events (Re) Shape Interfirm Relationships, *Strategic Management Journal*, 19(5), 439-459.

Miles, R. E., C. C. Snow, A. D. Meyer and H. J. Coleman, 1978, Organizational Strategy, Structure, and Process, *The Academy of Management Review*, 3(3), 546-562.

Owen-Smith, J. and W.W. Powell, 2004, Knowledge Networks as Channels and Conduits: The Effects of Spillovers in the Boston Biotechnology Community, *Organization Science,* 15(1), 5-21.

Peng, M. W. and P. S. Heath, 1996, The Growth of the Firm in Planned Economies in Transition: Institutions, Organizations, and Strategic Choice, *The Academy of Management Review*, 21(2), 492-528.

Peteraf, M. A. and M. E. Bergen, 2003, Scanning Dynamic Competitive Landscapes: A Market-based and Resource-based Framework, *Strategic Management Journal*, 24(10), 1027-1041.

Powell, W. W., K. W. Koput and L. Smith-Doerr, 1996, Interorganizational Collaboration and the Locus of Innovation: Networks of Learning in Biotechnology, *Administrative Science Quarterly*, 41(1), 116-145.

Podolny, J. M., T. E. Stuart and M. T. Hannan, 1996, Networks, Knowledge and Niches: Competition in the Worldwide Semiconductor Industry, 1984-1991, *American Journal of Sociology*, 102(3), 659-689.

Rowley, T., D. Behrens and D. Krackhardt, 2000, Redundant Governance Structures: An Analysis of Structural and Relational Embeddedness in the Steel and Semiconductor Industries, *Strategic Management Journal*, 21(3), 369-386.

Shu, S. T., V. Wong and N. Lee, 2005, The Effects of External Linkages on New Product Innovativeness: An Examination of Moderating and Mediating Influences, *Journal of Strategic Marketing*, 13(3), 199-218.

Sinani, E., A. Stafsudd, S. Thomsen, C. Edling and T. Randøy, 2008, Corporate Governance in Scandinavia: Comparing Networks and Formal Institutions, *European Management Review*, 5(1), 27-40.

Tsai, W., 2001, Knowledge Transfer in Intraorganizational Networks: Effects of Network Position and Absorptive Capacity on Business Unit Innovation and Performance, *The Academy of Management Journal*, 44(5), 996-1004.

Uzzi, B., 1997, Social Structure and Competition in Interfirm Networks: The Paradox of Embeddedness, *Administrative Science Quarterly*, 42(1), 35-67.

Walker, G., B. Kogut and W. Shan, 1997, Social Capital, Structural Holes and the Formation of an Industry Network, *Organization Science*, 8(2), 109-125.

Wu, S. H., L. Y. Lin and M. Y. Hsu, 2007, Intellectual Capital, Dynamic Capabilities and Innovative Performance of Organisations, *International Journal of Technology Management*, 39(3), 279-296.

Zaheer, A. and G. G. Bell, 2005, Benefiting from Network Position: Firm Capabilities, Structural Holes, and Performance, *Strategic Management Journal*, 26(9), 809-825.

Zaheer, A. and B. McEvily, 1999, Bridging Ties: A Source of Firm Heterogeneity in Competitive Capabilities, *Strategic Management Journal*, 20(12), 1133-1156.

Zahra, S. A., R. D. Ireland, I. Gutierrez and M. A. Hitt, 2000, Privatization and Entrepreneurial Transformation: Emerging Issues and a Future Research Agenda, *The Academy of Management Review*, 25(3), 509-524.

Network Position, Strategic Orientation and Firm Performance-An Interaction Model

Xu Yong Chen Xiaohui

Abstract: Enterprise network is an asset of great importance, which is vital to sustainable competitive advantage. The paper explored the relationships among network structure characteristics, strategy orientation and organizational performance based on interlocking directorates by employing the methodology of social network analysis. The empirical results indicated that centrality and structural holes have positive effects on firm performance; the interaction of strategic orientation and centrality and the interaction of strategic orientation and structural holes have positive effects on firm performance respectively. The conclusions extend the past understandings on relationship between enterprise network and firm performance, meanwhile, provide reference to build and organize strategic fit in practice.

Keywords: interlocking director, network position, strategic orientation, firm performance

可中断电价补偿资金问题研究

李文中[1]

摘　要： 实施可中断负荷管理的关键是设计合理电价机制，落实可中断电价补偿资金，使用户感受到执行可中断负荷电价的吸引力，文章从实施主体，实施时间、实施对象、补偿标准、结算方式等方面探讨了中断电价机制。本文认为，高可靠性电价适宜采用单一制容量电价，在正常基本电价基础上加收可靠性加价部分，由此获得了可中断电价补偿资金。可中断电价补偿资金可通过向高可靠性需求用户的基本电价中征收高可靠性加价获得。征收方式有三大类：一是以基本电价的形式征收；二是以电度电价的形式征收；三是一部分分摊到电度电价，一部分分摊到基本电价。可中断电价补偿资金分摊模式主要有成本分摊方法和补偿资金分摊模式。最后运用算例进行模拟运算，以检验可中断电价补偿资金分摊模式的合理性。

关键词： 可中断电价、可中断电价机制、补偿资金

中图分类号： F426.61

① 李文中，南方电网、中山大学管理学院。

一、国内外研究综述

国外较早研究可中断电价补偿资金问题。20世纪90年代，英格兰和威尔兰电力市场采用了双边竞价方案，使得电力中断用户削减的电力负荷与电力库中参与调度的发电出力一起竞价，取得了比较明显的效果，有效地抑制了价格尖峰和发电商滥用市场力；芬兰电力市场引入竞争的结果是所有用户的电价都有所下降；加拿大的阿尔伯特则将可中断负荷作为一种辅助服务来保障系统的安全运行；在1989~1999年期间，美国在DSM方面花费了147亿美元旨在鼓励用户提高能源效率。罗夫兰和库里克（Loughran and Kulick）根据能源情报管理局的数据分析发现，1994年DSM费用达到最高，平均为450万美元（总计28亿美元），为提高能源效率的DSM费用（1992年开始统计）也在该年达到最高，平均为250万美元（总计16亿美元）。然而，1999年DSM费用为140万美元，在提高能源效率方面的平均费用为80万美元。

斯科威皮、卡拉迈斯、塔特斯和波恩（Schweppe、Caramanis、Tabors and Bohn）根据边际成本等于完全竞争市场价格，1988年首先提出实时电价理论，实时电价是根据发电和供电瞬时成本确定用户电价。在假定美国实施实时电价条件下，斯卡拉、亨特里夫和里戈特（Scala、Henteleff and Rigatti）（2010）对147个家庭使用11种典型家电降低尖峰需求的意愿进行调查，发现总体上居民不太愿意降低尖峰需求，除非单个家电在非尖峰比尖峰时段使用能够节约较多费用。

斯垂斯和欧仁（Strauss and Oren）（1993）提出一种提前通知时间较短的可中断负荷项目优化定价方法。欧仁（Oren）（2001）提出双倍购买选择权，允许考虑中断提前通知的影响。法里欧格鲁和阿瓦拉罗（Fahrioglu and Alvarado）（2000）采用机制设计理论设计了优化税率结构的可中断负荷项目。卡玛特和欧仁（Kamat and Oren）（2002）利用远期合约和期权衍生产品提出可中断负荷项目的供应和采购过程的金融合同定价方法。

霍罗维杂和武（Horowitza 和 Woo）（2006）论证了可中断负荷服务等自愿选项是帕累托事前最优的，既不影响非参与者的利益，还能使参与者和可中断负荷服务提供公司同时受益。舍兹戈纳和古德玛拉（Sezgena and Goldmana）

（2007）提出了一种针对削减负荷等需求侧响应的评价方法。Baldick 和 Kolos（2006）提出一种规避大型零售商风险的可中断合同框架，假设零售商可以通过可中断合同减少对整个系统的电力需求，从而达到降低市场价格的目的。一般来说，与整个电力系统的需求相比，一个负荷服务实体的需求非常小，因此，可以认为，负荷服务实体是价格的接受者，即其投标行为不影响现货市场的价格。

国内方面，王治华、李博和李扬（2003）通过对10个美国电力公司和DSM持有者的调查评价，发现利用激励性机制使得管理者的目标与电力公司和自身利益能更好的融合在一起，说明了满足激励相容特性的可中断负荷管理在电力市场下更具有社会经济意义和现实意义。张涛、宋家骅和程晓磊（2007）收集整理了近年来国内外可中断负荷管理研究领域的成果及经验，对可中断负荷合同、可中断电价、可中断负荷市场运营等方面的研究做了概述；而负荷响应大多由合同来规范，参与者事先与电力公司签订合同，在峰荷或系统出现紧急情况时按照合同要求减少或完全中断用电，并获得一定的补偿；谭忠富、张明文、姜海洋和于超（2009）从市场的角度出发，将用户提供的可中断负荷也视为一种发电备用资源，与发电机组一样参与市场调度，从节约能源的角度构建了考虑用户可中断负荷参与市场调度的机组优化模型；方勇和李渝曾（2004）认为在实施可中断负荷措施的过程中，电力公司由于中断了对用户的供电而导致售电收入的减少，另外它还要承担给予用户的优惠和各种项目管理费用，这两者可视为电力公司实施可中断电价的“成本”，而电力公司的效益则相当于因用户电力消费的降低而减少的电力供应成本；吴集光和刘俊勇（2005）从减少成本方面考虑，提出可避免运行成本和可避免投资成本的回收被看作是用来支付供电商给予用户的可中断负荷补偿的来源；金骆松（2007）从用户角度和电网经营企业角度分析可中断电价约束条件，认为用户收益受费用开支和电费节约两方面的影响，接受合约的前提条件是用户每年由于实施可中断电价获得的电价优惠大于其每年预期可能发生的缺电损失，而电网经营企业的获益在于实现移峰填谷，减少电网备用机组容量，降低系统的运行成本；曾鸣、贾振旺和黄昆彪（2007）对可中断负荷的备用效益做了定量分析，指出可中断负荷的可靠性效益等于无可中断负荷参与备用时所需要切除的负荷容量与缺电成本的乘积。

可中断电价方面，于凤武（2004）指出实施可中断负荷措施的重要内容之一是设计合理的可中断负荷电价，文章从可中断负荷与可中断电价实施的必要性，以及实施后各方的成本效益方面定性分析了我国可中断负荷状况，认为可中断电价可实现用户和电网双赢的目标；王蓉蓉、周渝慧和师睿（2008）引入信息经济学中的委托-代理理论，设计了实施可中断负荷的激励机制，以克服因为信息不对称导致供电企业负荷调节能力下降、过多支付用户的中断赔偿等问题；葛炬和张粒子（2006）利用最优潮流框架，以节点边际价格和提前通知时间作为可中断电价的制定因素，并同时考虑了供电企业与用户之间的各种作用来分析各因素对可中断电价的影响；谭忠富、谢品杰和王绵斌（2009）基于供求理论，将可中断电价与峰谷分时电价联系起来，通过分析供电企业实施这两项措施的成本和效益，建立联合优化模型，确定合理的可中断电价和峰谷分时电价，以确保各方利益；任震、邝新武和黄雯莹（2006）将供电可靠性收费理论运用到可中断电价设计当中，有效地解决实施可中断负荷措施中资金来源和合同制定有关的问题，同时考虑提前通知时间对可中断电价设计的影响，并结合可避免成本理论对可中断电价模型作进一步的推广优化；张蓉、王绵斌、谭忠富和王东海（2009）针对实行可中断电价后给供电企业带来的风险进行了研究，介绍了条件风险价值、风险度量及其蒙特卡罗求解方法，提出采用条件风险价值法对供电企业实行可中断电价的风险进行度量。

综上所述，国外对可中断电价补偿资金问题进行了深入的研究，并且把研究成果应用于实际。在政府管制的情况下，可中断负荷项目被当做一种负荷管理技术，用来降低公用事业的运行成本或者用来缓解容量紧缺；反之，在放松管制的电力市场，可中断负荷项目被用作辅助服务，或用来在发电资源同等价格时提高电力系统可靠性。在我国，可中断电价还处于探索阶段，研究内容主要集中在可中断负荷管理的社会经济意义和现实意义以及对成本效益等的分析上，而对于可中断电价机制特别是可中断电价的补偿资金问题则鲜有研究，自然也难以应用于实际产生效益。本文尝试对上述问题做些探讨，求教于学界同仁。

二、可中断电价机制

实施可中断负荷管理的关键是设计合理电价机制，使用户感受到执行可中断负荷电价的吸引力，愿意按合同协议要求削减或转移其在系统高峰时的用电负荷，改善电力系统运行条件，提高系统负荷率，降低运行成本。通过可中断电价，企业实行避峰补贴，将安排用电计划的行政管理转变为自愿互惠的市场行为。

不同地区、不同的合同形式制定的补偿方案都有差异，补偿方案没有最优标准，最能激励用户参与的方案就是最好的方案。我国的可中断负荷管理刚刚起步，2002 年，江苏省在全国率先开展《可中断负荷方案》试点工作，对高能耗钢铁企业试行可中断负荷避峰，将原来实行的简单指令式用电管理方式转变为合理的个性化用电管理服务。夏季用电高峰期对 5 家钢厂试行了可中断负荷避峰措施，全年实际错峰共 10 天，15 次，28 小时；错峰负荷 38.7 万千瓦，补偿标准为每 1 万千瓦负荷中断 1 小时，补偿 1 万元，全年补偿支出共 786 万元。

2003 年，河北省电网在夏季用电高峰季节，即 7 月 1 日至 8 月 31 日期间，根据电网调峰需要，鼓励用电大户在对企业生产和效益影响不大的情况下自愿中断用电，并对中断负荷企业给予适当的经济补偿。参加企业以自愿为基本原则，用电容量一般应在 2 万千瓦及以上，必须在确定的时间段内按照电力调度要求中断负荷。参加可中断负荷企业的名单，由原省经贸委会同省电力公司最终审定。凡经审定参与可中断负荷并按要求实施负荷中断的企业，可以获得适当补偿：每 1 万千瓦累计停 1 小时补贴 1 万元。补偿资金暂从省三电资金中列支。省电力公司调度通信中心及各市电力调度通信中心至少在中断负荷前 1 小时通知中断负荷企业，并根据电网负荷情况滚动安排企业中断负荷，同时尽可能减少中断负荷企业的中断次数。违反中断负荷规定，不执行电力调度中断命令的企业，按该企业违约负荷检测记录值乘以 3~5 倍需量电价计算款额进行处罚。

从 2004 年起，上海市开始探索可中断电价，对避峰让电企业进行补偿。《关于疏导上海市电价矛盾的通知》规定上海市可中断电价的三种方式为：（1）凡纳入负控计划，隔日通知避峰的用户，每千瓦时补贴 0.30 元；（2）当天临时通知拉电的企业，每千瓦时补贴 0.80 元；（3）对装有负控装置的企业按照每千瓦时 2 元标准“买断负荷”，即在用电高峰时可随时中断负荷。调整方式为：中断负荷由让电前两小时的平均负荷与让电后两小时的平均负荷比较得出，每年将可中断负荷补偿方案上报市政府批复，中断补偿在用户次月的电费单上抵扣。2004 年至 2010 年 6 月上海市共补贴可中断用户 5400

万元左右，其中2005年最多，达到2500多万。

根据以上所述，我国现行可中断电价机制可总结如下：

1. 实施主体

目前可中断负荷方案的具体操作由各省（区）电力公司进行。省（区）电力公司根据本省（区）电力供需的情况，决定是否实施可中断负荷、实施的企业以及操作方式等，报政府部门批准后执行，并积极同用户进行协商，尽量争取用户的支持。在方案实施过程中同用户的协调以及具体中断的执行则由相关供电企业完成。

2. 实施时间

实施时间为每年的用电高峰期。一般出现在冬、夏季，如6月~8月、12月~次年2月，且实施期间负荷中断的时间为日负荷的尖峰时段，如某些地区在晚上8点~9点。不同地区视负荷特点以及缺电情况的差异，可中断电价的实施时间有所不同。

3. 实施对象

实施对象为受电容量较大，且中断潜力也较大的大工业用户。推荐用户用电容量标准为3.5万千伏安以上，推荐实施行业为冶金、建材、化工、化纤和造纸等。具体实施企业的名单由省（区）供电企业拟定，在获得政府相关部门认可、实施中断企业同意的基础上确定。

4. 补偿标准

理论上讲，具体补偿标准或给予的电费折扣率应根据实施可中断负荷的电力系统可避免成本、中断企业的缺电损失、电价等因素综合确定。但我国目前采用的是比较简单的用户补偿形式，如根据中断的电量，按照m元/kWh的原则给予补偿，或对参与可中断负荷管理的用户全月或是全年的基本电费给予n%的折扣。具体标准由政府、电力监管部门、省（区）电力公司、实施企业协商确定，以实施企业同意、电力公司可以承受为准。我国台湾地区在最早实施可中断负荷管理时有两种补偿方案：一是给予合同电价50%的折扣；二是由提前通知时间的不同来确定补偿。

5. 结算方式

江苏、河北省在每年的3月底，对上一实施期间各实施企业应得的补偿金额统一结算，上海市则采用在用户次月的电费单上抵扣的方式。结算公式为：

对某实施用户的补偿金额=补偿标准×∑（该用户每次中断的负荷×该用户

每次中断的时间）；

或对某实施用户的电费折扣额=基本电费折扣率×该用户实施符合中断期间基本电费总额。

对供电企业而言，可中断电价机制具有较强外部经济性，可避免输配电投资成本体现为社会效益，目前，我国采用“成本加合理收益”的方式制定上网侧和销售侧电力价格，供电企业的购电价以及对各类用户的售电价综合起来可看作一个整体平衡的大盘子，实施可中断电价补偿相当于抬高了供电公司平均购电单价或者降低了平均售电单价，挤压了供电公司的合理电价空间，需通过采取相应适当的措施来弥补单位电量利润的缺失。

三、可中断电价补偿资金问题

（一）可中断电价补偿资金特征

可中断电价的本质是在电力供应紧张时供电企业通过补偿支出获取部分用户的负荷中断权，亦即用户以降低电力持续供应要求为代价获得补偿收入。因此，在不考虑采用行政手段直接划拨补偿资金的情况下，根据可中断电价的上述本质，通过反向思考的方法，其补偿资金来源应具备如下特征：

1. 互补性

可中断电价实施中，参与可中断合同的用户电力供应保障程度降低，供电企业为此向用户支付中断用电补偿资金。相应，对于电力供应保障要求高的用户，就应当为此承担较高可靠性用电支出。此为互补性。

2. 导向性

我国现行电价体系未对各类负荷进行区分，没有考虑电能质量及其可产生的价值问题。可中断电价对此有所改进，通过经济手段引导用户主动淘汰价值较低的产能，有利于实现全社会电能的优化配置，可中断电价补偿资金来源也应体现电能价值差异，区分对待不同质量、不同价值的电能，即应具备价值导向性，通过市场机制这只无形的手将电能尽可能配置给高产值用户。

（二）补偿资金来源分析

综上，供电企业可通过向供电可靠性要求高的用户实施高可靠性电价，将增收的资金作为解决对电网错峰、避峰有贡献的可中断用户进行补贴的资金来源，即实施与可中断电价相配套的高可靠性电价机制。

1. 高可靠性电价的含义

高可靠性电价是一种考虑可靠性因素而制定的电价，是现行的单一制电价、两部制电价、峰谷分时电价和季节性电价以外的一种电价。供电可靠性是衡量电能质量的指标之一，一般对于要求保证较高供电可靠性（连续稳定供电）的特殊行业或用户采取增加备用容量和备用线路的方法。例如，供电企业通常将用电负荷按可靠性要求分为三个等级，以不同供电方式供电：单回路（单树干式），对三级负荷配电，不征收高可靠性电价；双回路放射式，线路互为备用，用于配电给二级负荷，电源可靠时也可供电给一级负荷；双电源为一级负荷供电，当一个电源发生故障时，另一个电源不应同时受到损坏，对于一级负荷中特别重要的负荷，还应增设应急电源，并严禁将其它负荷接入应急供电系统。

2. 高可靠性电价的实施情况

对于用电负荷有高可靠性要求的用户，供电企业通常要采用备用线路或备用电源以提高供电质量，与普通用户相比，这部分享受高可靠性的用户理应支付更高的电价。不同国家和地区的高可靠性电价计算方法不一样，征收方式也不同。

日本在高可靠性电价方面的做法是：有备用回路供电时加收高可靠性电价，以用户变压器容量为计量单位。备用回路为公用线路供电的，或者备用电力由不同的二次变电所的另一回路供电的，增加一回路按正常供电基本电费的一定比例征收高可靠性电价，再增加一回路即第三条回路按正常供电基本电费的低比例征收高可靠性电价；第二回路为专有线路供电的，且备用回路为热备用，按正常供电基本电费计算，再增加一回路即第三条回路按正常供电基本电费的一定比例征收高可靠性电价。一般而言，公用的备用线的基本电费按正常供电的基本电费 5%计收，备用电源基本电费按正常供电的基本电费 10%计收，而备用线路使用的电度电费，并入正常电度数内，按正常用电的电价计算电度电费。

我国也有少数地区对高可靠性电价进行了探索，深圳市供电局根据深价管字[2003]18 号文件规定对多路电源供电用户以电度电价形式加收一定的高可靠性电价，其中，对同一变电站不同变压器引出多路电源的用户加收 0.005 元/kWh，对不同变电站不同变压器引出多路电源的用户加收高可靠性电价 0.01 元/kWh。安徽省根据皖价服[2004]223 号文件规定，对申请新装及增加用电容量的两路及以上多回路供电（含备用电源、保安电源）用电户，除供电容量最大的供电回路外的其余供电回路，供电企业按不同电压等级收取高可靠性供电费用，如35千伏用户应交纳的高可靠性供电费用为160元/kVA、自建35千伏电压外部供电工程应交纳高可靠性费用80元/kVA，地下电缆线路的高可靠性供电费用标准按普通标准的1.5倍收取。

我国台湾省备用电源是按基本电费计费，根据备用电力是否引自同一个二次变电所分别收取正常供电的基本电费10%或15%；特高压方式供给备用电力的也收取15%；而如果备用管线是用户自备的将减收10%，如果需要地下管线供电且地下管线全部由用户自备者则按10%计收。同时，备用线路使用的电度电费并入正常电度数内，按正常用电的电价计算电度电费。

可以看出，日本和我国安徽省、台湾省将高可靠性电价计入了基本电费，而深圳市则将高可靠性定价计入电度电费中。

3. 高可靠性电价计收方式

从高可靠性电价的研究和实施现状来看，征收对象（即有高可靠性需求的用户）可分为两类：一是公共事业，如医疗、交通等，对这类用户提供高可靠性电能的成本可通过对其实行高可靠性电价回收，也可由其他用户承担；另一类是通过高可靠性电能额外获利的用户，对这类用户则完全可对其实现高可靠性电价。

征收方式有三大类：一是以基本电价的形式征收；二是以电度电价的形式征收；三是一部分分摊到电度电价，一部分分摊到基本电价。高可靠性电价可以理解为输配电价的一种特殊形式，可以实行两部制电价，一部分回收固定资产的投资，另一部分是短期电力电量交换效益。但由于短期电力电量交换的不确定性，难以按电量计算确定的电价，因此，高可靠性电价适合实行单一制容量电价。另外，从用户的角度考虑，由于提高可靠性并没有使用户增加用电量，只是供电的容量成本提高了，所以将高可靠性电价计入基本电价更为合理，即在正常基本电价基础上再收取可靠性加价部分。

（三）可中断电价补偿资金分摊模式

如前所述，可中断电价补偿资金可通过向其他高可靠性需求用户的基本电价征收高可靠性加价获得。接下来，我们将探讨如何将所需补偿资金在各高可靠性用户之间进行合理分摊。而从用户的角度考虑，补偿资金分摊实际上是成本分摊问题。

1. 成本分摊方法

根据成本分摊理论的研究成果，比较成熟的分摊方法有核仁法、Shaley 值法和 Aumann-Shaley 法。下面对各方法做一个简要的概述，比较分析优缺点，以选择适合本文的分摊方法。

（1）核仁法

为了更好地阐述核仁分摊法的特点，下面结合一个简单的例子来说明。假设三个相邻的城市 A、B、C 都需要建设市政天然气供应系统，各市单独建设需要成本为：c(A)=120；c(B)=140；c(C)=120；两两合作建设需要的成本为：c(AB)=190；c(BC)=170；c(AC)=160；三市合作建设需要的成本为 c(ABC)=225。

由此可得三市合作建设将获得合作收益 c(A)+c(B)+c(C)-c(ABC)=125，如果将合作收益在三市之间均分，各市分摊的建设成本为 $c_A = 120 - 125 \times \frac{1}{3} = 78.3$ 、$c_B = 140 - 125 \times \frac{1}{3} = 98.3$ 、$c_C = 120 - 125 \times \frac{1}{3} = 78.3$ ，容易看出，$c_B+c_C=176.6>c(BC)$ 显然，在这种情况下，B 市和 C 市会选择两市合作而不是三市合作建设。理由很简单，B、C 市会认为在这种分摊方法下对 A 市的建设成本进行了一定补贴。

为了解决上述交叉补贴问题，我们首先定义成本分摊问题的核：假设一个成本分摊的博弈问题（N,C），N 为参与分摊的全体成员，n 为成员个数，c 为成本函数，S 为除大联盟外的任意成员联盟，c_i 为分摊给成员 i 的成本，则成本分摊问题的核满足：对于所有 S⊂N，都有

$\sum_{i \in S} c_i \le c(S)$，且 $\sum_{i=1}^{n} c_i = c(N)$ 成立。

用 1、2、3 分别代表 A、B、C 市，则该成本分摊问题可以表述为：

$c_1 \le 120$ ， $c_2 \le 140$ ， $c_3 \le 120$

$c_1 + c_2 \le 190$ ， $c_2 + c_3 \le 170$ ， $c_1 + c_2 \le 160$

$c_1 + c_2 + c_3 = 225$

约束条件勾勒出的公共部分称为这个分摊问题的核，核中每个点都满足上述约束条件，核的几何中心为核仁，对应的分摊方法称为核仁法。采用核仁法得出的上述供气系统建设成本分摊结果为 $c^* = (88.3, 98.3, 68.3)$ 。

核和核仁是成本分摊理论中的重要概念，在核存在的前提下，核仁分摊法是一个不错的选择，其他分摊法的结果也应该位于核内。然而，对于许多成本分摊问题，核并不总是存在的。例如，假设三市合作建设供气系统的成本从 255 变为 270，其他条件不变，则

$$c_1 + c_2 \le 190, c_2 + c_3 \le 170, c_1 + c_3 \le 160 \Rightarrow (c_1 + c_2 + c_3) \le 260$$

与 $c_1+c_2+c_3=270$ 相矛盾，这种情况下，分摊问题的核就是不存在的。

此外，由于核仁值是核的几何中心，在某些情况下计算非常困难。同时，核仁值不满足联盟单调性，即当大联盟的收益增加时（假设此时所有子联盟的收益保持不变），不能保证所有联盟成员分到的收益均非减，这种情况不合情理，因为大联盟收益的增加是在全体成员的共同参与下取得的。

（2）Shapley 值法

为了方便理解，通常将公共成本分摊问题通过数学变换 $v(S)=\sum_{i\in S}c(i)-c(S)$ 转化为合作收益分摊问题。

对于一个合作收益分摊的博弈问题（N,v），Shapley 于 1953 年提出了 n 人联盟博弈的 Shapley 值，它反映了联盟成员在进入联盟的所有排列顺序中，对联盟边际贡献的平均值，联盟成员所得利益分配值称为成员 $\varphi i(v)$ 的 Shapley 值，公式如下：

$$\varphi_i(v)=\sum_{s\subseteq N}\frac{(n-|s|)!(|s|-1)!}{n!}\times\left[v(s)-v\left(s-\{i\}\right)\right] \tag{1}$$

Shapley 值分摊法是唯一满足对称性、有效性、加法性和边际性四个特性的分摊方法。对称性表明成员 i 的 Shapley 值与成员的编号无关；有效性要求合作收益完全分摊；加法性则要求参与者在博弈中分得的份额是在两个分博弈中分得的份额之和；边际性指出，如果成员 i 在两个不同博弈问题中所有可能的边际收益均相等，那么这两个博弈问题分摊给成员 i 的收益值也应该相同，换言之，成员 i 的收益值 $\varphi i(v)$ 只是自身边际收益的函数，而与其他参与者的边际收益无关。

边际性是一个非常重要的概念，如果一个分摊方法不满足边际特性，那么它有可能发出失真的经济激励信号，打击参与者努力提高生产效率的积极性，相当不利于鼓励参与者为联盟多做贡献，反而容易导致联盟内不思进取行为的滋生，最后联盟的整体生产效率将下降，合作各方的利益都将受损。在严重的情况下甚至可能造成整体合作收益的大幅下降，最终导致合作联盟的解体。Shapley 值分摊法具有边际性是该法的突出优点之一；此外，与核仁法相比，Shapley 值法更易于计算，且具有唯一性和稳定性。

（3）Aumann-Shapley 法

Aumann-Shapley 法是 Shapley 值法的发展和延伸，由 Aumann 和 Shapley 于 1974 年在 Shapley 值理论基础上延拓到无限多参与者的联盟博弈中，它通过计算各参与者单位产出的成本单价来分摊公共成本，可用于整体服务项目的成本分摊问题。

假设大联盟N由n类互不相交的子集S_1，S_2,...S_n构成，而每个子集包含了无限多成员。μ_1，μ_2,...μ_n分别表示S_1，S_2,...S_n的测度，联盟的特征函数v为

$$v = f(\mu_1, \mu_2, \text{n}, \mu_n) \tag{2}$$

式中，$\mu_i \in [0.1]$，f是定义在$\mu = \mu_1$，μ_2,...μ_n的值域上连续可微并满足f(0)=0的实函数，则子集S_i中所有参与者对联盟的平均边际贡献，即Aumann-Shapley值可表示为

$$(\varphi v)(S_i) = \int_0^1 \frac{\partial f}{\partial \mu_i}(t\mu(N))dt \tag{3}$$

式中，$\mu(N) = (1,1,n,1)$。

需要特别注意的是，应用Aumann-Shapley法有一个重要的前提条件，即分摊对象的成本函数f必须是连续可微的。

2. 补偿资金分摊模式

由于用户的受端电压不同，为提高相同可靠性水平，对低压用户增加的高可靠性备用成本比高压用户大。为公平起见，我们在进行高可靠性成本分摊时应考虑用户的受端电压等级。

同时考虑电价政策的稳定性，各电价等级的高可靠性加价标准在一段时期内应保持不变。为此，可以建立高可靠性加价平衡账户，每年或每两年对平衡账户进行清算，滚动调整高可靠性加价标准。若某一调整期内有新用户加入执行高可靠性电价，则直接按已经确定的该用户对应电压等级高可靠性加价标准执行，所形成资金纳入平衡账户，待下一调整期统一调整加价标准。同理，用户退出执行高可靠性电价形成的资金缺额暂由供电企业背负，并纳入平衡账户等待调整。

本文将用户分为1kV（含）以下、1~10kV、35kV、110kV、220kV五个电压等级，分别用1、2、3、4、5表示，各电压等级的单位容量备用成本不同，假设目前有若干个高可靠性用户，在计算高可靠性加价标准时按相同电压等级用户合并处理后，共形成不同电压等级的n个大类用户（以下所称“用户”均指“按电压等级合并后的大类用户”），可知$0 \le n \le 5$，对应电压等级单位容量备用成本分别为$Sc_i(i = 1, 2, \text{n}, n)$，各电压等级所需备用容量分别为$q_i(i = 1, 2, \text{n}, n)$。则不同电压等级的最简单高可靠性成本分摊方式为：

各大类用户的成本分摊比例

$$l_i = \frac{Sc_i \times q_i}{\sum(Sc_i \times q_i)} \tag{4}$$

这种分摊方式虽然满足对称性、有效性和加法性，但没有考虑经济学中的重要概念——边际性，即如果新增某一高可靠性用户对系统平均单位容量备用成本有降低的作用，则该用户对系统平均备用成本的贡献为正，应适当降低其成本分摊的比例以资激励；反之，对系统平均备用成本贡献为负的用户，应适当提高其成本分摊的比例。

根据前述对各种成本分摊方法的讨论，可以看出，借鉴 Shapley 值法思想对用于计算用户分摊比例的单位备用成本进行调整是一个不错的选择。高可靠性成本分摊的具体步骤如下：

（1）计算各种用户联盟的系统平均单位容量备用成本

系统平均单位容量备用成本的计算公式为

$$Ac(S)=\frac{\sum_{S\subseteq N}Sc_iq_i}{\sum_{i=1}^{n'}q_i} \tag{5}$$

式中，所有参与输电网固定成本分摊的用户形成一个大联盟，即所有局中人均参与的联盟，具有规模经济效应。所有局中人的任意的一个子集称为子联盟，为大联盟的任意用户联盟。

（2）计算各用户应承担的单位容量备用成本

考虑用户对降低系统平均单位容量备用成本的贡献，高可靠性用户在进入高可靠性用户联盟的所有排列顺序中，形成的所有联盟系统平均单位容量备用成本的平均值，即为该用户应承担的单位容量备用成本。

用户大类应承担的单位容量备用成本计算公式如下：

$$\varphi_i(Ac)=\sum_{s\subseteq N}\frac{(n-|s|)!(|s|-1)!}{(n-1)!}\times\left[Ac(s)-Ac(s-\{i\})\right] \tag{6}$$

式中，n 为参与分摊的全体用户数。

（3）计算各大类用户的高可靠性成本分摊比例

各大类用户的高可靠性成本分摊比例除与单位容量备用成本有关外，还与所需备用容量大小有关，则考虑边际贡献的用户高可靠性成本分摊比例为

$$l_i'=\frac{\varphi_i(Ac)\times q_i}{\sum\left[\varphi_i(Ac)\times q_i\right]} \tag{7}$$

（4）确定各电压等级高可靠性加价标准

各电压等级大类用户高可靠性加价标准等于分摊的高可靠成本额除以该电压等级所需备用容量总和，即

$$\lambda_i=\frac{E\times l_i'}{q_i} \tag{8}$$

式中，E 为同一时期可中断电价补偿所需资金总额。

3. 算例分析

本研究可中断电价补偿资金分摊模式设置是否合理，需要进行检验。因此运用算例进行模拟运算，以检验可中断电价补偿资金分摊模式的合理性。

假设目前共有 5 个高可靠性用户，分别属于 110kV、110kV、35kV、10kV、10kV 电压等级，所需备用容量分别为 40、50、60、30、30，则可合并为 110kV、35kV、10kV 电压等级的三个大用户 1、2、3，对应单位容量备用成本分别为 $S_{c1}=2, S_{c2}=2.5, S_{c3}=3$，所需备用容量分别为 $q_1=90, q_2=60, q_3=60$，则不同电压等级高可靠性成本的简单分摊比例为：

$$l_1=\frac{Sc_1\times q_1}{\sum_{j=1}^{3}\left(Sc_j\times q_j\right)}=35.3\%$$

$$l_2=29.4\%, l_3=35.3\%$$

考虑边际性后，借鉴 Shapley 值法思想，高可靠性成本分摊的计算如下：

（1）计算各种用户联盟的系统平均单位容量备用成本

由 $N=\{1,2,3\}$ 可以看出，$S=\left(\{1\},\{2\},\{3\},\{1,2\},\{1,3\},\{2,3\},\{1,2,3\}\right)$

$$Ac(1)=2, Ac(2)=2.5, Ac(3)=3$$

$$Ac(1,2)=2.2，Ac(1,3)=2.4，Ac(2,3)=2.75$$

$$Ac(1,2,3)=17/7$$

（2）计算各用户应承担的单位容量备用成本

$$\begin{aligned}\varphi_1(Ac)=&0!\times 2!/2!\times\left[Ac(1)-Ac(\{1\}-\{1\})\right]+1!\times 1!/2!\times\left[Ac(1,2)-Ac(\{1,2\}-\{1\})\right]\\&+1!\times 1!/2!\times\left[Ac(1,3)-Ac(\{1,3\}-\{1\})\right]+2!\times 0!/2!\times\left[Ac(1,2,3)-Ac(\{1,2,3\}-\{1\})\right]\\&=Ac(1)+\frac{1}{2}\times\left[Ac(1,2)-Ac(2)\right]+\frac{1}{2}\times\left[Ac(1,3)-Ac(3)\right]+\left[Ac(1,2,3)-Ac(2,3)\right]\\&=43/35\end{aligned}$$

同理，$\varphi_2(Ac)=701/280$，$\varphi_3(Ac)=199/56$

（3）确定各用户的高可靠性成本分摊比例

$$l_1'=\frac{\varphi_1(Ac)\times q_1}{\sum_{j=1}^{3}\left[\varphi_j(Ac)\times q_j\right]}=23.3\%$$

$$l_2'=31.7\%, l_3'=45.0\%$$

（4）确定各电压等级高可靠性加价标准

假设 E=100，则

$$\lambda_1=\frac{E\times l_1'}{q_1}=\frac{100\times 23.3\%}{90}=0.26$$

$$\lambda_2=0.53,\lambda_3=0.75$$

即该调整期内 110kV 电压等级用户的高可靠性加价标准为 0.26，35kV 电压等级用户的高可靠性加价标准为 0.53，10kV 电压等级用户的高可靠性加价标准为 0.75。

四、小　结

可中断电价补偿资金来源具有互补性和导向性的特征。高可靠性电价是一种考虑可靠性因素而制定的电价，供电可靠性是衡量电能质量的指标之一。对于用电负荷有高可靠性要求的用户，供电企业通常采用备用线路或备用电源来提高供电质量，享受高可靠性的用户需要支付更高的电价。高可靠性电价适宜采用单一制容量电价，在正常基本电价基础上加收可靠性加价部分，由此获得可中断电价补偿资金。

在进行高可靠性成本分摊时考虑用户的受端电压等级，本研究将用户分为 1kV 及以下、1~10kV、35kV、110kV、220kV 五个电压等级，110kV 电压等级用户高可靠性加价标准为 0.26，35kV 电压等级为 0.53，10kV 电压等级用户为 0.75。通过算例模拟运算发现，该可中断电价补偿资金分摊模式设计合理，具有现实可操作性。根据电压等级用户的高可靠性设定加价标准，在 Shapley 值法基础上考虑到边际性，在理论设计方面具有理论价值，且对于供电企业操作简便，说明该模型具有较强的实践意义。

参考文献

方勇、李渝曾，2004：电力市场中激励性可中断负荷合同的建模与实施研究，《电网技术》第 17 期。

高山，2009：关于高可靠性电价实施方案研究，《中国新技术新产品》第 23 期。

葛炬、张粒子，2006：可中断负荷参与的备用市场帕累托优化模型，《电力系统自动化》第 30 期。

胡朝阳，2003：成本分摊理论和竞价博弈方法在电力市场中的应用研究，博士论文。

金骆松，2007：探索运用电价优惠政策消减尖峰负荷的路径——可中断电价分析及模型设计，《价格理论与实践》第 11 期。

任震、邝新武、黄雯莹，2006：电力市场中可中断电价的设计，《华南理工大学学报（自然科学版）》第 4 期。

宋平，2004：应用需求响应优化电力高峰负荷管理，《大众用电》第 4 期。

谭忠福、王绵斌、姜海洋、王成文，2008：《我国电力产业价格链设计理论及方法》，北京：经济管理出版社。

谭忠富、谢品杰、王绵斌，2009：提高电能使用效率的可中断电价与峰谷分时电价的联合优化设计，《电工技术学报》第 5 期。

谭忠富、张明文、姜海洋、于超，2009：促进发电节能的可中断负荷电价优化设计模型，《华北电力大学学报》第 4 期。

王弟、黄志强、陈庆兰，2007：需求响应在电力市场中的作用，《电力需求侧管理》第 9 期。

王蓉蓉、周渝慧、师睿，2008：可中断负荷管理激励机制的设计，《电力需求侧管理》第 1 期。

王文山、王鹤、韩英豪，2007：电力市场中高可靠性电价的设计研究，《华东电力》第 11 期。

王治华、李博、李扬，2003：电力市场下的可中断负荷管理及其方法，《中国电力》第 6 期。

吴集光、刘俊勇，2005：电力市场环境下最优备用容量的确定，《电力系统自动化》第 15 期。

于凤武，2004：可中断负荷与可中断负荷电价，《中国电力企业管理》第 1 期。

曾鸣、贾振旺、黄昆彪，2007：《电力营销服务与电价体系》，北京：中国电力出版社。

张蓉、王绵斌、谭忠富、王东海，2009：实行可中断电价的条件风险价值评估，《电力需求侧管理》第 6 期。

张涛、宋家骅、程晓磊，2007：可中断负荷研究综述，《东北电力技术》第 6 期。

赵学顺、余志伟、钟志勇，2003：基于高峰负荷定价理论的运行备用获取和定价，《电力系统自动化》第 2 期。

朱成章，2003：电力需求响应计划，《农电管理》第 3 期。

Baldick, R., S. Kolos and S. Tompaidis, 2006, Interruptible Electricity Contracts from an Electricity Retailer's Point of View: Valuation and Optimal Interruption, *Operations Research,* 54(4), 627-642.

Carrión, M., A. J. Conejo and J. M. Arroyo, 2007, Forward Contracting and Selling Price Determination for a Retailer, *IEEE Transactions on Power System,* 22(4), 2105-2114.

Caves, D. W. and J. A. Herriges, 1992, Optimal Dispatch of Interruptible and Curtailable Service Options, *Operations Research,* 40(1), 104-112.

Fahrioglu, M. and F. L. Alvarado, 2000, Designing Incentive Compatible Contracts for Effective Demand Management, *IEEE Transactions on Power System,* 15(4), 1255-1260.

Gabriel, S. A., A. J. Conejo, M. A. Plazas and S. Balakrishnan, 2006, Optimal Price and Quantity Determination for Retail Electric Power Contracts, *IEEE Transactions on Power System,* 21(1), 180-187.

Horowitza, I. and C. K. Woo, 2006, Designing Pareto-superior Demand-response Rate Options, *Energy Journal,* 31(6-7), 1040-1051.

Kamat, R. and S. S. Oren, 2002, Exotic Options for Interruptible Electricity Supply Contracts, *Operations Research,* 50(5), 835-850.

Loughran, David S. and Jonathan Kulick, 2004, Demand-side Management and Energy Efficiency in the United States, *The Energy Journal,* 25(1), 19-39.

Oren, S. S., 2001, Integrating Real and Financial Options in Demand-side Electricity Contracts, *Decision Support Systems,* 30(3), 279-288.

Oren, S. S. and S. A. Smith, 1992, Design and Management of Curtailable Electricity Service to Reduce Annual Peaks, *Operations Research,* 40(2), 213-228.

Scala, N. M., Samuel Henteleff and Christopher Rigatti, 2010, *Examining Real Time Pricing in Electricity Usage,* Proceedings of the 2010 Industrial Engineering Research Conference.

Schweppe, Fred C., Michael C. Caramanis, Richard D. Tabors and Roger E. Bohn, 1988, *Spot Pricing of Electricity,* The United States: Kluwer Academic Publishers, Norwell, MA, 32-35.

Sezgena, O., C. A. Goldmana and P. Krishnarao, 2007, Option Value of Electricity Demand Response, *Energy Journal,* 32(2), 108-119.

Strauss, T. P. and S. S. Oren, 1993, Priority Pricing of Interruptible Electric Power with an Early Notification Option, *Energy Journal,* 14(2), 175-195.

Tuan, L. A. and K. Bhattacharya, 2003, Competitive Framework for Procurement of Inter-ruptible Load Services, *IEEE Transactions on Power System,* 18(2), 889-897.

Xu, J., P. B. Luh, F. B. White, E. Ni and K. Kasiviswanathan, 2006, Power Portfolio Optimization in Deregulated Electricity Markets with Risk Management, *IEEE Transactions on Power System,* 21(4), 1653-1662.

Yu, C. W., S. Zhang, T. S. Chung and K. P. Wong, 2005, Modelling and Evaluation of Interruptible-load Programmes in Electricity Markets, *IEE Proceedings-generation Transmission and Distribution,* 152(5), 581-588.

Yu, C. W., S. H. Zhang, L. Wang and T. S. Chung, 2007, Analysis of Interruptible Electric Power in Deregulated Power Systems, *Electric Power Systems Research,* 77, 637-645.

Research on Interruptible Tariffs Compensation Funds

Li Wenzhong

Abstract: The key to implement interruptible load management is to design a reasonable tariff mechanism and interruptible tariffs compensation funds, allow users to feel the attractiveness of implementing interruptible load tariffs. This paper discusses the interruption tariff mechanism by analyzing the implementing body, implementation time, implementation object, compensation standards, and settlement method. The author argues that reliable tariff is appropriate to adopt a unitary capacity tariff, and then add additional reliable parts to normal basic tariff. Thus, the interruptible tariff compensation funds are obtained. Interruptible tariff compensation funds can be obtained through levying higher additional reliable tariff to users who demand high reliability. There are three methods to levy. First, in the form of basic tariff; second, in the form of electrical degrees tariff; third, part of the tariff allocated to electrical degrees, the other allocated to basic tariff. Allocated modes of interruptible tariff compensation funds include cost allocation mode and compensation funds allocation mode. Finally, we use numerical examples simulation to test whether allocation modes of interruptible tariff compensation fund is reasonable.

Keywords: interruptible tariffs, interruptible tariff mechanism, compensation funds

跨代创业与企业家精神培育
——基于匹克体育的案例研究

刘　佳　梁　强[①]

摘　要：代际传承是家族企业永续经营的战略议题，现有研究主要从家族治理的角度进行探讨。本文在跨代创业的理论框架基础上，从家族创业过程中的企业家精神培育这一视角出发，研究家族跨代创业与企业家精神培育之间的理论关联。通过匹克公司的家族创业案例研究，本文发现：家族企业在跨代创业过程中能够有效地实现下一代企业家精神的培育，这主要体现在原生家族和创业实践两个方面。在股权界定和利益协同的跨代创业制度基础上，家族环境中的自主发展、有效沟通和共同愿景以及创业实践中的权责清晰、创业技能和家族资源的积累，都是培育企业家精神的有效机制。

关键词：跨代创业、企业家精神、家族企业、匹克、案例研究

中图分类号：F270.7

① 刘佳，东北财经大学工商管理学院；梁强，汕头大学商学院。本文受国家自然科学基金（项目编号：71172167），广东省自然科学基金博士启动项目（S2012040007387），广东省教育厅育苗工程（人文社科）科研项目（2012WYM_0065），“汕头大学科研启动经费（项目编号：SR11004）和中山大学“985工程”三期项目“中国家族企业研究创新基地”的资助。作者感谢“中国家族企业传承与教育委员会”秘书长黄秉玉先生对本文的调研支持。

一、引 言

家业传承无疑是家族企业持续发展和家族财富继任的战略性议题，现有文献已经从传承与继任机制、家族治理和权力配置等理论视角进行相关研究（Handler，1990；Lambrecht 和 Lievens，2008；Le Breton-Miller 等，2004；陈凌和应丽芬，2003），期望探索其中的理论根源和家族传承的实践机制，以破解家族企业"三代消亡"的魔咒。实际上，家族企业作为一个特殊的社会创业组织(Serrano 等，2006；李新春等，2008)，其代际传承的实现机制之一是家族通过跨代创业（transgenerational entrepreneurship）实现家族财富的持续创造。然而，现有文献并没有凸显家族企业的这种创业功能，因此也忽略了创业对于家族企业发展和家族财富传承的战略意义。

跨代创业作为家族企业代际传承与创业相结合的构念，是对创业型家族（enterprising family）持续地进行战略变革、创新和公司创业行为的一个理论刻画(Habbershon 和 Pistrui，2002)。在这个理论框架中，现有研究主要围绕其前因构念进行理论解释，分别从具有家族性质的资源和创业导向两个维度分析跨代创业潜质的形成机制。这主要包含两个层面的含义：一方面，家族性——基于家族关系形成的资源，是实现家族企业的创新和竞争主动性的创业资源基础；另一方面，家族的创业导向又是实现这些要素资源价值的有效机制，在创业过程中促进家族资源的不断积累和拓展。家族企业的这些资源与战略之间的协同与契合成为构建跨代创业的潜质(Boers 和 Lora，2009)。

从创业视角来看，家族作为一个特殊的创业组织(Zahra 等，2004)，家族企业代际传承背后的根源是企业家精神的传承(李新春等，2008)。这说明在家族创业企业中，传承和培育企业家精神重于传承家族企业的控制权和财富。然而，如何在跨代创业过程中培育下一代家族成员的企业家精神，从而突破成长中的困境，实现代际传承和持续的财富创造，这一极富现实意义的理论问题目前仍未得到充分解释。历经三十载的改革开放，大部分由家族企业组成的私营经济在制度转型中不断成长，成为推动中国经济发展和社会创业的主要力量。目前这些企业正处于或临近第一代和第二代共同创业和传承的阶段，如何在家族创业一代的基础上延续和培育企业家精神，从而实现持续创业行为，已成题中之义。

本文正是基于这一理论视角和现实问题，选取具有22年创业历程的本土家族创业企业案例——匹克体育用品有限公司，研究家族跨代创业和企业家精神培育之间的关联机制。论文将主要围绕两个问题展开：首先，由于家族企业的传承取决于跨代创业的成功，那么原生家庭是否能够成为培育和发展下一代企业家精神的孵化器，其中有哪些有效的培育方式？其次，家族企业内部的公司创业机会是跨代创业的主要实践形式，下一代进入家族企业之后如何在企业实践中培育企业家精神，其中的关键因素是什么？文章结构安排如下：第二部分对跨代创业相关的理论架构进行回顾，第三部分介绍研究方法，案例选取依据，以及数据获取和分析方法，第四部分根据研究问题对案例进行深入分析和提炼结论，最后一部分对本文的研究结论进行总结和展望。

二、理论回顾

一直以来，所有权特征和企业的稳定与承续是家族企业研究的经典议题，然而近年来随着创业研究的兴起和推进，学术界开始关注家族企业作为经济社会"创业引擎"（engines for entrepreneurship）的战略价值及其创业行为特征(Habbershon等，2010)。跨代创业正是在这一研究背景下提出的全新构念，其理论主旨在于体现家族企业可以跨代际地发展和利用企业家精神与家族资源，推动创新、战略变革和新企业的创建，从而创造经济和社会价值(Boers等，2009)。实际上，跨代创业的理论雏形源于学者早期关注具有创业精神的家族通过创业和战略革新能力实现"跨代际、持续地创造财富"这一经济现象(Habbershon等，2002)，这主要凸显了家族企业在代际传承过程中"创业"和"财富创造"的战略价值。新近的研究在此基础上将跨代创业最终定义为：家族企业通过创业精神的延续创造社会和经济财富的过程(Naldi等，2007)。因此，跨代创业不仅体现了家族作为社会创业组织的现实意义，同时也突出了家族的代际传承作为企业家精神的承载支持家族企业持续创业的战略地位。

在这个比较新的研究领域，现有文献主要集中于分析家族企业跨代创业潜质的形成机制。该理论框架主要结合战略导向与资源属性进行综合分析，从家族企业的创业导向和家族性形成的资源基础两个方面进行解释。首先，家族企业情境下的创业导向具有家族导向特征，企业的战略偏向不仅取决于企业和行业状况，更受制于家族涉入的影响(Martin 和 Lumpkin，2003)，因此家族企业的创业导向在家族和企业相互影响的过程中形成。在这个意义上，创业导向主要衡量家族企业的创业理念，刻画企业的创新、战略革新和创业行为(Habbershon 等，2010)，反映家族企业代际传承过程中持续创业的潜质。其次，基于家族关系和家族涉入积淀和形成的异质性资源，不仅能够成为家族企业竞争优势的来源(Habbershon 和 Williams，1999)，也是促进家族创业战略实施的基础和代际传承的无形资源(Habbershon 和 Pistrui，2005)。在传统的理论解释中，对这种家族资源的战略价值认识主要集中于家族信任和利他主义行为基础上形成的低成本和高效率的制度优势(Carney，2005)，而不是作为家族创业的资源优势。然而，在跨代创业的理论架构中，基于家族关系的专用型资源积累和创业知识传承的路径依赖特征，实际上是形成家族跨代创业潜质的重要资源基础(Serrano 等，2006)。

基于现有研究可以发现，跨代创业理论的解释框架同时聚焦于两个研究对象——家族与企业，分别从家族资源与企业战略导向进行分析。显然，这在一定程度上忽视了家族创业的行动者——家族成员的企业家角色，或者只是将其囊括在家族的资源属性当中。在家族企业跨越代际（例如父子共事）的情境下，如何培育下一代创业者的企业家精神，提高跨代创业的潜质，实现家族资源的创业价值，这在现有的理论框架中未能得到充分的解释。更为重要的是，家族企业的所有权、管理和治理结构由于家族成员的嵌入，直接影响跨代创业过程中的个人行为，特别是企业家精神的形成和发挥(Serrano 等，2006)。这对于家族成员企业家精神的培育和发展，乃至家族创业战略的实施产生复杂的影响机制，其中的理论关联值得进一步解析，从而凸显跨代创业理论中企业家精神的形成和发展特征。

三、研究方法与样本选取

（一）研究方法

本文采用单案例分析的研究方法，该研究方法在理论生成早期是创建理论假说的有效手段(叶康涛，2006)。正是由于案例研究在构建理论解释方面的作用，目前在管理学研究领域已被学者广泛接受和运用(Eisenhardt 和 Graebner，2007)。与其他类型的研究方法相比，案例研究以现实获取的一手资料归纳的假说来检验理论命题，更有利于修正和创建理论，是构建和检验开创性理论的有效工具(Eisenhardt，1989)。不仅如此，案例分析通过对典型现象的深入研究不仅有助于对新生理论的理解，也有助于该理论的边界拓展和改进，是管理学研究领域用来检验和补充开创性理论的有效方法(Yin，2003)。

本文旨在探讨在家族跨代创业理论的现有框架基础上凸显企业家精神的培育机制问题，这是一个理论拓展研究。那么，根据现实案例中的典型事件资料进行分类归纳，并结合家族跨代创业理论解释进行分析，才能够在现有框架基础上探析企业家培育相关的理论要点。因此，本文采用单案例研究方法，期望通过典型案例的研究对跨代创业理论进行拓展和解释，探索家族创业过程中企业家精神的培养机制和特征。

（二）案例样本选取

本文案例研究的目的在于揭示家族企业跨代创业和企业家精神培育之间的理论联系。对于这种探索性的研究，需要选取一个已经出现理论构建所反映的事实经验的家族企业样本，以遵循现实背景与理论之间的契合性。处于跨代阶段、具有持续创业经历并获得成功将是主要的案例选取标准。据此，本文选择匹克体育用品有限公司（下文简称为匹克）作为个案研究对象，其具体缘由包括以下几个方面。

首先，从理论构建的样本选取角度而言，匹克本身的发展阶段和经营状况与研究主题相契合。本文的研究对象正是要选取发展到跨代传承阶段的家族企业，这主要的表现形式就是父子共同管理和权力交接阶段。在匹克案例中，第二代家族成员从初期涉入到担任高层管理，对企业带来了诸多成功的战略变革。在家族所有权和管理权进行传承的同时，企业的发展战略和业务也发生了变化，快速变革的步伐为案例研究提供了丰富的证据素材。

其次，匹克二次创业的成功正好是在创业家族两代人共同经营的基础上完成的。作为一个典型的家族创业主体，不单是指从事商业活动或经营管理企业的家族，还必须同时具备两个特征：第一，以投资者的身份出现；第二，具有战略变革、创新和创办新业务等持续创造财富的意愿。在匹克案例中，许景南家族的创业历程具有作为创业主体的这两个基本特征。

再者，匹克刚好发展到了一个重大转折点——2009 年 9 月 29 日在香港上市，其公司治理的制度化和正规化成为创业型家族企业的典范。作为在中国经济改革开放之后创办的一家家族企业，匹克成为以许氏家族控股的公众公司。特别是在国际资本市场进行融资对其制度化建设和治理结构的转变提供了契机。是家族创业成功的重要标志，其中的创业细节和战略运营模式具有典型意义。

（三）资料收集

为了能够全面地搜集到有关匹克的数据，本研究主要采用现场深度访谈以及搜寻二手公开资料相结合的方式进行。前期首先从各种公开的二手资料入手，全面地了解研究对象。这些二手数据来源主要有两个：一是公司上市后公布的相关信息，包括招股说明书和各种报表数据等；其次是匹克的网站公布信息和相关出版物，如匹克与太度体育合作出版的《商海大突围》①。除此之外，我们还通过各大新闻媒体针对匹克管理层和创始人的视频专访和新闻报道，对所搜集的二手数据进行核对和佐证。表 1 汇总了主要的资料来源。

表 1　部分二手数据及来源

相关内容	资料来源	资料出处
匹克创业事件	《匹克公司——家族股份变迁》、匹克父子专访节目	世界银行《家族企业治理手册》、第一财经频道访谈节目
匹克股权结构	匹克体育用品有限公司公开发售招股书	匹克公司公开上市募股材料
其它二手信息	《商海大突围》（公司内部稿）、官方网站等	匹克公司、太度体育

为了进一步获得本研究所需要的信息，作者针对研究课题归纳出信息需求点并设计半结构化的开放式问卷，前往匹克总部所在地——泉州进行了为期三天的深入访谈和现场调研，对公司不同层次的员工进行了以访谈为主、观察和问卷为辅的深入调研。为了确保信息收集的准确度，部分访谈在当事人同意的前提下进行了录音，结束后马上进行资料整理。为了弥补在现场访谈过程中的疏漏，现场调研之后，作者还通过电话以及邮件与匹克高层保持联络，进一步获得完整的资料。表 2 汇总了访谈对象及时长等信息。

① 该书已经在 2010 年 5 月正式出版，披露了匹克从 1988 年成立以来的许多细节和历史数据，其素材主要由匹克内部管理层和老员工提供。本文作者经过公司高层的许可获得该书正式出版前的内部稿件。

表2　调研访谈对象及时长

被访人姓名及职务	访问次数	访问总时长
许景南　先生（董事长及创始人、父亲）	3次	3小时
许志华　先生（公司总经理、大儿子）	1次	0.8小时
许志达　先生（公司副总经理、二儿子）	2次	1.5小时
林碧莲　女士（销售总监、老员工）	1次	1小时
侯立东　先生（品牌管理中心公共关系部经理）	1次	1.5小时
黄憬　女士（董事长办公室秘书）	3次	3.5小时
李林　女士（总经理办公室秘书）	1次	2小时
陈先生（董事长司机）	2次	1.5小时
潘巧春　女士（副总经理办公室秘书）	1次	0.5小时
总计	15次（9人）	14.8小时

（四）案例介绍

匹克成立于1988年，目前已成为集鞋业、服装和包袋等运动品的生产、研发和销售于一体的集团公司，于2009年9月17日在香港联交所成功上市。集团创始人为许景南先生，介入企业管理的家族成员主要是他的两个儿子许志华和许志达，以及许志达之妻吴冰蕊女士。本文按照许景南的家族成员参与企业经营的时间点以及创业过程中的主要战略阶段，将匹克的成长过程分为三个部分：第一代创业者许景南的初期创业（1988~1998年）、许景南与次子许志达两人共同创业期（1999~2001年）、长子许志华进入后父子3人共同创业阶段（2002年至今）。表3汇总了相关简介。

表3　参与匹克管理的核心家族成员

姓名	职务	教育背景	创业职责	绩效意义
许景南	董事长	高中毕业	创立“匹克”、赞助“八一队”、股权改革	创建匹克公司,使匹克成为全国知名品牌
许志华	总经理	本科、MBA、EMBA	赞助NBA、制定国际化战略、匹克成功上市	使匹克成为国际品牌，并成功打入国际市场
许志达	副总经理	高中毕业、EMBA	成立服装部、成立研发中心	实现匹克的多元化战略，建立分销网络

资料来源：匹克公司上市招股说明书，《商海大突围》（朱小明等，2010），实际访谈一手资料。

第一阶段：第一代创业者开辟江山（1988年~1998年）

许景南先生于1955年出生在福建泉州汀州的一个农村，1974年高中毕业后回家当过一段时间知青。后来，通过周围朋友的帮助和自己的努力开始了第一次创业，先后开办过包装厂、拖鞋厂、木箱厂、机砖厂等10个以上的小企业，完成了原始资本积累。1988 年 7 月，许景南同一亲戚创办了匹克的前身——“丰登”制鞋厂，总投资约50万人民币，其他家族成员后续逐渐在鞋厂增加投入，由口头承诺股权，许景南担任丰登的主席、总经理及法人代表。鞋厂最开始的规划是替国际品牌“耐克”做代工，但由于耐克的市场策略突然发生变化，与丰登鞋厂之间的合作夭折，许景南的创业事业受到重创。但他并没有放弃原有计划，而是果断地加大投入，在以代工为生的经营道路走了一年后，在1990年决定改变经营战略，创立自己的运动鞋品牌——“丰登牌”。随后在1991年，丰登改名为“匹克”，匹克品牌正式诞生，并且在中国运动用品市场不断获得各种荣誉和认可。

第二阶段：许景南和许志达的共同创业期（1999~2001年）

1999 年，许志达（许景南的次子）在大一学习之余就帮父亲负责匹克供应商的联系。在2000年初，由于企业工作日渐忙碌，许志达主动选择辍学全身心地投入匹克经营事务中。开始，许景南并没有让他担任要职，而是把他安排在了生产部门负责人林碧莲手下工作，负责公司的生产管理。在运动品市场的竞争进入了白热化时期，公司决定逐步撤销全国办事处，建立匹克专卖店。为此，许志达与老员工林碧莲合作成立匹克服装部，支撑专卖店销售模式，帮助匹克再次步入快速增长阶段。随着匹克体育产品种类的延伸，公司对产品研发的要求越来越高。为了提高研发中心的实力，许志达聘请全球优秀的设计师加盟匹克，研发中心的规模已经达到近2000人，在广州、香港、北京三地设有研发分支机构。

第三和四阶段：许景南三父子共同创业期（2002年—至今）

2002 年，许志华大学毕业后正式进入匹克工作。在进入企业之初，父亲并没有让他进入决策层，而是派到北京参与北方市场的渠道管理工作。2004年末，许志华回到匹克总部，正式接手公司总经理的职位，参与匹克的重大决议和战略制定。2005 年初，许景南把酝酿已久的股权分配计划实施下去，两个儿子分别持有家族股权中 20%的股份，许景南夫人也是 20%，许景南持有 40%（其中 20%为家族公众股，考虑给孙子及其他家族成员，由许景南代为持有）。2009年9月17日，匹克正式在香港联合证券交易所成功上市，完成了资本国际化，引入战略投资者和公众投资，其家族股权也得到部分稀释。

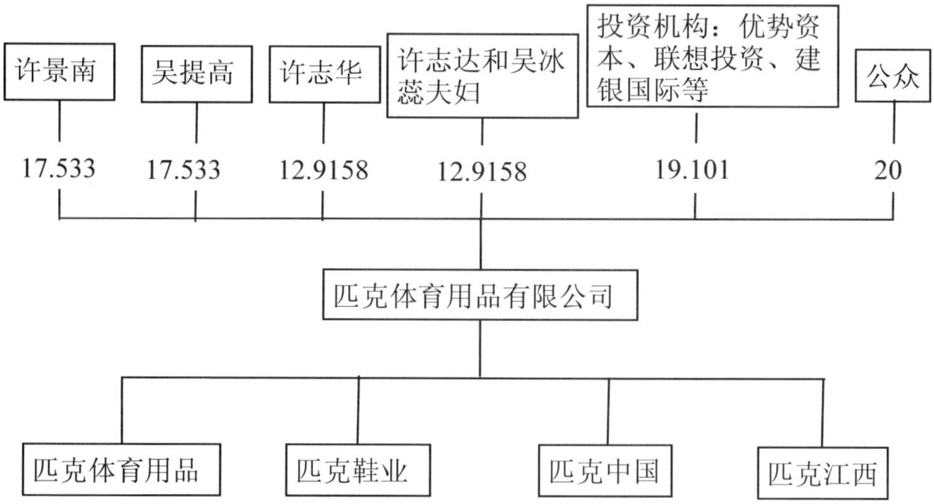

图 1　匹克集团的股权分配

资料来源：匹克上市招股说明书。

四、案例分析与理论探讨

根据案例中介绍匹克的创业成长阶段和家族介入情况，可以发现两次具有标志性意义的战略变革。如图 2 所示，一次是次子许志达进入企业后，负责拓展服装业务和实施专卖店的销售模式，是与父亲共同创业时期的首次跨代创业实践过程。另外一次是 2002 年，许志华进入匹克后进行了第二次跨代创业，推行全新的品牌营销和国际化战略，这是三父子跨代创业过程。结合哈伯森和匹斯瑞（Habbershon and Pistrui）（2002），以及纳尔迪等（Naldi etc）学者（2007）对跨代创业构念的定义，匹克的家族创业历程满足了其中的两个基本特征：跨越代际（Cross-generations）和通过创业、创新和战略变革持续地创造财富。由于中国大部分家族企业成立的时间仅有二十余年，其中的代际跨越也仅限于家族第一、二代之间，匹克的典型创业历程实际上也是这些家族创业企业的现实反映。下文结合匹克的现实创业案例以及相关理论解释，进行深入分析。

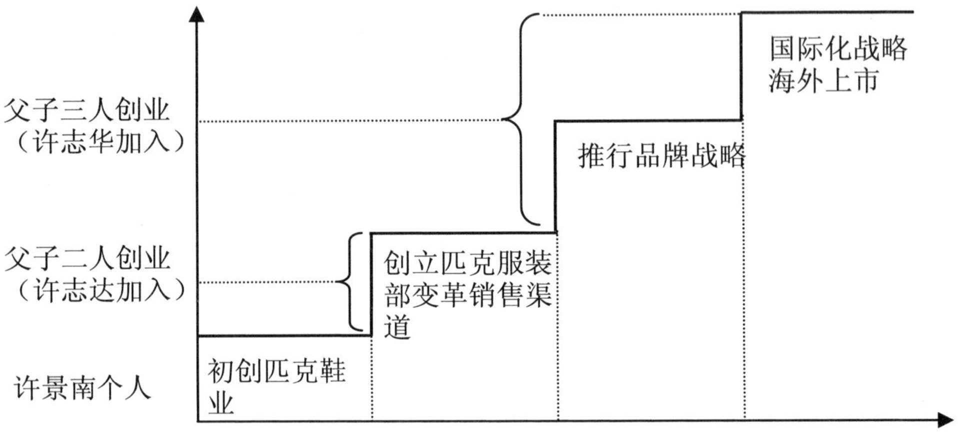

图 2　匹克家族跨代创业阶段

（一）跨代创业的制度基础

家族企业由家族与企业两个系统组成，两者之间的影响牵系到整个创业过程，特别是在企业的传承阶段(窦军生和贾生华，2008)。在这个组织系统，核心家族必须对家庭和企业的相对角色进行选择和定位，解决这两个社会组织需求相互竞争时的两难困境(Ward，1987)。只有同时注重家族需求和企业需求的家族企业才能实现家族和企业的共同成长，因此家族与企业之间的目标平衡是家族企业进行持续创业的重要前提。实际上，家族与企业并不一定形成冲突，家族成功一般体现在和谐、团结和家族自尊，而企业成功则是利润和成长等(Hoover 和 Hoover，1999)，两者可以互相促进。

在中国的家族创业情境下，家族企业在创建初期通常具有典型的泛家族联盟性质，这是在华人社会信任结构下家族企业创业成长的主要特征(储小平和李怀祖，2003)。这种泛家族的股权联盟，在家族创业初期提供了最直接的创业资源，包括人力资本、社会资本和财务资本等(Danes 等，2009)。但是，泛家族化的创业联盟也是家族矛盾萌生的根源之一，给企业发展带来潜在阻碍和危机。这种隐患是由于家族创业初期的资源稀缺和无法预知的不确定性，使得嵌入创业机会开发过程的家族成员的角色形成一种模糊状态(Aldrich 和 Cliff，2003)，这是家族创业企业必须克服的一个内部制度障碍。

匹克在 1988 年创建时，因产权模糊曾面临经营危机。许景南及其姻亲（许景南夫人的哥哥）、以及好友组成的股东主要是以非正式契约进行股权约定，而许景南作为主要管理人在这种股权结构模糊的情形下进行匹克的初期创业，承担主要的管理工作。1991年至1993年，匹克的业绩是以100%的速度增长。而匹克的另外一个投资主体是姻亲经营的另外一个A企业，由于经营不善而陷入困境，此时姻亲家族成员提出要进入匹克参与经营，否则退出匹克的股份。由于许景南与其姻亲在匹克与A企业之间有交叉持股，具体的股权没有正式契约进行界定，出现难于化解的股权纠纷，许景南不得不求助地方政府的帮助才暂时平息。

未能清晰界定的产权，使匹克在进行战略变革时受到内外牵制。虽然创业初期的股权纠纷暂时平定，但是外界经营环境的变化使匹克的业务发展速度减缓，在1996年被迫调整经营模式。直到2002年，匹克经过整整5年时间，将所有利润都投入到了经营模式的变革当中，而此时匹克也急需通过上市或者引入战略投资者筹集新的发展资金。但是，股权纠纷所遗留下来的历史问题又再次出现，这时许景南决定将匹克的所有股权集中在核心家族成员手中，买断所有创业初期泛家族成员手中的股份。在许志华、许志达兄弟二人相继进入企业后，许景南及时召开家庭会议，企业股份再次在核心家庭内部进行分配和界定，两兄弟各持有20%[①]，股权清晰化为匹克后续的战略推行提供了制度保障。匹克创业初期的股权演变过程如下图3所示：

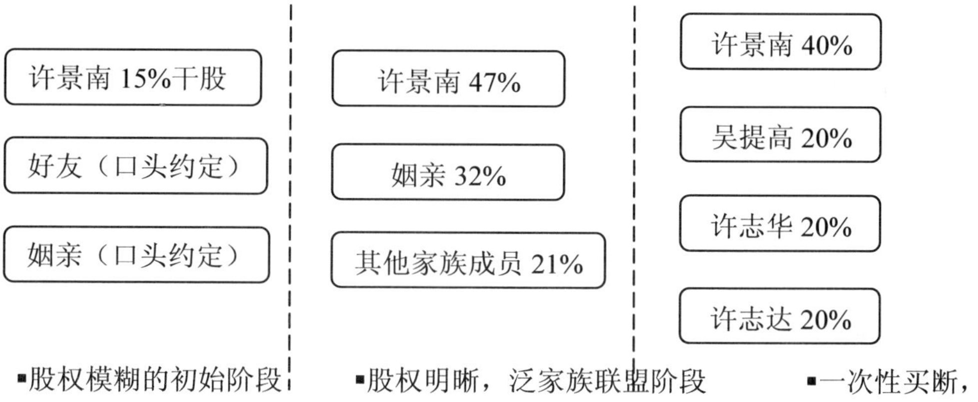

图3 匹克创业初期的股权演变过程（1989~2002）

股权界定清晰后核心家族成员全面控制企业的发展，这有利于后续的战略革新和公司创业。但是，家族治理问题随着越来越多的家族成员介入企业

① 当时，父亲曾提出让长子许志华持有略多于许志达的股份，但是被许志华拒绝，认为尽管他是长子，但弟弟比他早进入企业，而且两个人是合作关系，因此股权分配比例应该一样。

管理日益凸显。特别是在跨代创业过程中，父子关系和兄弟关系的有效治理是形成基于家族关系专用型资源和能力的基础。这里涉及到家族资源的重新分配，利益的重新调整，也是家庭成员冲突的隐患所在。在这个情形下，“一切成功传承的驱动力就是对未来的愿景。这种愿景是激励人心的，也是将企业传递给下一代所必需的。家族企业的延续需要将每一代企业接班人的个人梦想凝结成一个共同的、集体的梦想”（Lansberg，1999）。许氏家族父子三人有一个共同的愿景，就是把匹克建成一个“百年老店”，推行专注于篮球装备的国际化战略。在共享家族创业愿景的基础上，有效的职责安排、股权的公平分配提高了家族凝聚力，家族成员各司其责，各尽其能，为企业进行跨代创业提供制度保障基础。

（二）跨代创业与企业家精神培育

家族企业进行跨代创业结合了家族和企业的目标，其中的核心是企业传承过程中家族成员的持续创业，最终实现永续经营。而跨代创业的潜质与成功，取决于家族下一代成员是否能够承担持续创业的风险并成功地实施战略革新，也就是企业家精神属性中包含的“创新”和“变革”特质（Schumpeter，1942）。因此，接班人的企业家精神成为了家族企业代际传承以及实现持续创业的基础，这种创业特质不仅与个性相关，也可以通过创业实践进行培育，特别是在家族企业情境下，家族和企业都是孕育企业家精神的“平台”（Fairlie和 Robb，2007）。在匹克案例中，我们发现第二代创业者的企业家精神受到家族和企业的双重影响。

1. 企业家精神培育之一：原生家族

家族企业的第二代创业者在未组建各自的家庭之前，大部分时间均是在原生家族的环境中度过。长期积累的家族文化以及父辈的创业历程一直影响他们的信念、价值观和态度的形成（Hoy 和 Sharma，2009）。在一个创业家族系统中，尊重家族成员的差异、确定角色模型、实践创业技能和在工作生活中进行潜在教育都有利于强化家族成员的创业意图，萌生和发展企业家精神（Sharma 和 Irving，2005）。这将鼓励家族成员发掘自身的创业天赋和激情，在家族企业内部或者外部创业，实现自身的创业愿景。

首先，原生家族提供的自由发展空间，有利于激发下一代创业者的冒险精神。在匹克案例中，许志华和许志达两兄弟具有许多开拓性的想法，许景南对此很少提出反对意见。不管是学习，社交抑或是对自己职业的定位，父亲都持鼓励态度。例如，许志华从小在校园里的学习表现就非常出色，喜欢参加各种团体活动。尽管公司缺人，但许景南并没有要求他回公司做帮手，而是尊重其自身的选择。直到大学毕业，许志华也曾与其他的毕业生一样也投入到应聘队伍并得到某大型企业的工作机会。后来他主动放弃工作机会，选择回到父亲身边帮忙管理匹克公司。而弟弟许志达则由于对学校学习不感兴趣，成绩也不理想，大学刚上一个学期就自己选择辍学，进入匹克公司帮助父亲经营。这些潜在的自我决策历练，成就了第二代创业者参与企业运营的风险承担能力，这在匹克二次创业的战略变革中得到体现。

其次，核心家族成员的正式与非正式沟通，成为下一代创业者恪守父辈的创业理念和做人准则的有效方式。许景南每年都会举行几次正式的家族会议，宣布一些关于企业以及个人的发展计划，包括子女求学和职业发展，以及匹克股权的分配问题。匹克三父子的沟通也会在一些非正式场合进行，比如饭桌上和篮球场。在许景南眼中，他把下一代为人处世的原则培养看得比企业传承更加重要。因此，除了言传身教，他通过树立榜样的形式对下一代进行潜在影响。例如，他经常给兄弟俩讲一些企业家的故事，如以恒安集团创始人许连捷的例子告诫他们做一个对家庭、对事业都有高度责任感的人。此外，许景南自身也一直保持当年创业时的工作习惯，因为他担心两兄弟因为现有成就而自我膨胀，丧失了吃苦耐劳和敢打敢拼的创业精神。许景南保持每天10小时以上、每周6天的工作强度，在他的影响下，两兄弟也从不怠慢工作，只有在生病的时候才会请假。在两个兄弟眼中，父亲给他们的成功标准是家庭要和谐、企业要繁荣。

通过以下对话记录，可以从侧面地了解到许景南对下一代创业者的培育方式：

许景南："教育孩子最重要的是（分清）孩子做的事情的对与错，比如说一项投资，投资决策的正确与否是我最关注的，而至于他有没有回报，这个不是最重要的。教育孩子总要付出一点学费吧。"

"自己对孩子的培养基本上都没有刻意地安排，而是在实际的企业管理过程中以自己的做事方式去感染他们，例如实现企业目标，都必须遵循固定的原则，其中重要一条就是：为员工、社会和客户创造价值和承担责任。而在做人方面则要有宽广的胸怀，吃亏是福。"

许志华："父亲对我最大的影响是教会我如何做人，对企业、家庭和社会要有责任感，同时树立起正确的价值观以及敬业精神。"

许志达："父亲很少对我们说教，对于我们的影响通常是通过行动来教会我们为人处世。父亲对我们最大的影响就是对企业和社会的这份责任心和成功追求，以及如何对待朋友和员工。”

从匹克案例可以发现，作为一个具有创业精神的典型家族，创业者并没有刻意过早地给下一代成员进行职业规划。相反，他们鼓励家族成员发现自己的天赋和培养创业激情，然后决定是在家族企业内部还是外部寻求合适的职业道路，对下一代创业者的自主发展给予充分的尊重。创业者在言传身教的基础上，通过观察下一代在生活和学习中的行为特征，逐渐发现其特长，其职业规划也不断地变得清晰。在创业家族中，附有家族价值观的企业家精神正是在这种原生家族的环境下逐渐培育和形成的。

2．企业家精神培育之二：创业实践

作为家族企业创业者的第二代，其成长路径离不开家族企业的影响，除了需要积累基本的社会技能和知识以外，还肩负成为家族企业未来接班人的重任。这种家族主义色彩潜意识地影响着第二代创业者的成长和企业家精神的培养。创业型家族会确保年轻一代在家族和企业两个组织系统之间获得合适的工作职责，他们的工作绩效也会得到密切关注（Hoy 等，2009）。这对于企业家精神的培养主要有两方面的作用：一个是通过亲临创业情景，使第二代创业者潜意识地学习父辈的创业技能；另外一个是基于家族关系形成的专用型资源积累，例如社会资本和创业经验的传承与拓展。

在匹克案例中，许志华和许志达两兄弟的童年时期大部分都是在家与工厂之间度过，其个人成长与家族创业发展过程相融合。例如在创业初期，母亲帮助鞋厂打理财务方面的工作，他们也经常跟随父母来到工厂，与很多员工为友并参加公司里面的一些活动，甚至出席一些商务社交场合。而作为父亲的许景南，逐渐认识到两兄弟之间的个性差异，并赋予不同的职责：老大许志华组织能力比较强，适合做企业总体的战略规划和执行，是自己直接传承对象的合适人选，这也符合闽南传统文化中家传长子之习俗；老二许志达则情商比较高而且人缘好，在公司具体运营方面的管理经验比较丰富，主要负责管理企业的研发、生产和质量监督。这种个性和能力差异，使得兄弟二人在后期家族创业实践中担负不同的创业职责，其企业家精神也形成不同的培育路径，在匹克二次创业和国际化战略推行的过程中发挥不同的创业角色。父子三人进行跨代创业的职责分布如图 4 所示。

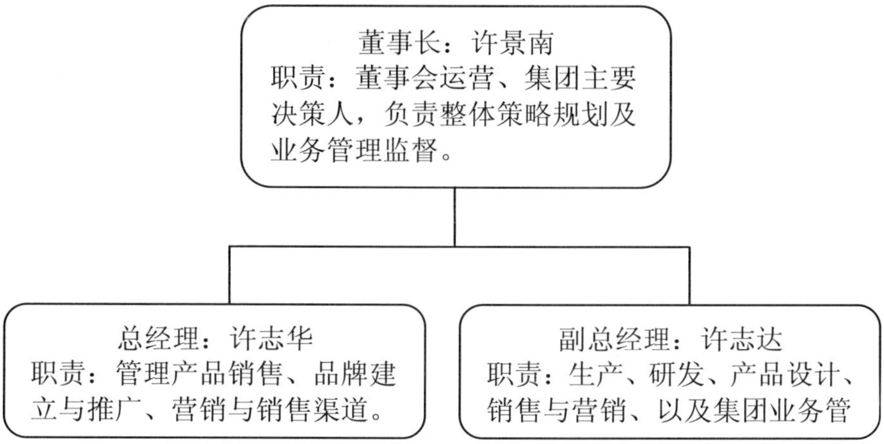

图 4　许氏父子三人的职责分布

（1）匹克家族二次创业：上阵父子兵

1996 年，匹克创业之初的快速发展，使创业者没有及时意识到市场环境变化对商品流通领域带来的冲击。当时由计划经济模式的商场集中销售逐渐向批发市场和自有渠道销售模式转变，先建立渠道的竞争对手市场份额持续增长，而匹克则出现了负增长。当时匹克处于两难境地，一方面受制于自身落伍的销售模式，另一方面则是国内外体育品牌在国内市场的群雄夹击。直到 2002 年，经过 5 年的努力，匹克完成了销售渠道的全面改革，撤换全国 30 多家办事处并开设了上千家的专卖店。在竞争压力下，“涅槃后的匹克酝酿着新一轮的创业，从内部调整过程中积蓄着奋起突围的能量”（《商海大突围》(朱小明等，2010)）。这是匹克公司的二次创业转折点，也是家族第二代创业者进入企业，进行跨代创业的第一个里程碑。

在这个创业过程中,许志达曾于 1999 年大一辍学回家帮助父亲经营企业，负责开发专卖店渠道参与创建运动服装部。期间为了学习服装行业的经营策略，许志达深入到全国有名的服装产业集群地区——福建省石狮市，在那里结识一大批服装制造行业的好友，建立起社会网络关系。为了能够帮助许志达创办服装部，许景南特意安排了跟随多年的老员工与他合作，同时传授给他许多关于企业生产方面的管理经验。通过不断学习和讨教，许志达成为深谙制造和销售管理的内行人士。通过在企业的二次创业中辅助许景南进行服装业务拓展，许志达在积累关系资本、整合资源和承担创业风险方面都体现出成功的企业家潜质。

许志华 2001 年大学毕业后进入企业，则主要站在品牌推广和销售渠道拓展的第一线。当年，他并没有直接回到匹克的泉州总部，而是前往北京参与渠道管理工作。在北京的三年时间里，通过参加北京大学的高管培训以及业务往来，结识大批政界和商界人士，频繁出现在各种商业交际场合。在此期间，许景南逐渐把一些重要的职责交给他，最终整体负责北方的渠道管理。2005 年初，许志华回到匹克总公司，凭借在商学院学习到的经营理念和品牌推广中积累的经验，起草并向公司董事会提交了“匹克国际化战略草案”。该战略草案是许志华在工作实践 4 年后的一个富有创新性的战略构想，旨在通过赞助 NBA 国际赛事提升匹克在专业化篮球装备领域的国际品牌地位，据此希望塑造起匹克国际品牌的实际价值取向——只要人们看见篮球，就联想到匹克。

匹克的家族跨代创业历程表明，第二代创业者企业家精神的培育除了通过家族言传身教的方式以外，另外一个重要途径就是家族创业实践。在跨代创业情境下，下一代家族成员的企业家角色逐渐清晰，他们不仅继承家族企业创始人的部分创业资源和能力，以及领导行为，也在实际的创业历程中培育了具体的管理能力，并且拓展了家族资源。许志华在匹克国际化战略方面的创新、许志达开拓服装业务和产品研发方面的突破，以及两兄弟辅助父亲完成匹克的治理机制的完善，这些创业实践活动将下一代企业家精神的培育与家族企业的发展战略实现了有效结合。

（2）国际化战略：家族跨代创业的新起点

许志华提出的国际化战略在初次试水 NBA 赞助的营销策略之后，取得初步的成功。在此基础上，匹克坚持篮球装备专业化基础上的国际化差异战略，通过打造国际化品牌的方式盘活匹克在国内市场的影响力。但这个战略推行需要不断加强产品创新，推出一系列基于创新技术的篮球装备产品。显然，许志华在匹克战略革新中策划和顺利推行，与许志达在产品研究和生产中的各司其责形成默契，这正是家族跨代创业过程中最为重要的基于家族关系形成的专用型资源。

然而，随着家族企业的发展壮大，家族资源的局限性也日益凸显，这主要体现在国际化战略推行过程中的资金约束、治理结构的不甚完善和战略执行困境。在这时，许景南父子三人开始逐步引入战略投资者。红杉中国、联想投资、深圳创新投资与建银国际看到匹克二次创业过程中实行国际化战略带来的高盈利能力和快速成长性，多次进行注资。而匹克获得和看重的并不只是资金，而是这些战略投资机构提供的互补资源，如银行授信、全球销售渠道和企业内部管理经验等（《商海大突围》(朱小明等, 2010)）。

在以差异化为核心基础的国际战略推行过程中，许景南父子三人还进行了企业管理的全面改革，吸引家族以外的优秀人才加入中、高层管理团队中，改善企业的治理结构。期间由于经营理念的差异，许景南对许志华过于激进的战略变革曾有异议。起初父子二人也曾有过激辩，但许志华在创业历程中的不断成熟也逐渐学会采用折中策略，"在自己的成长过程中，会结合父亲的一些意见中好的方面，修正自己的意见"，国际化战略在家族创业人员的深思熟虑中逐渐明晰。2009年9月17日，匹克正式在香港联交所成功上市，以现代企业治理标准对匹克进行优化设计，凭借国际化的资本平台，逐渐展开市场和企业运营的国际化。

五、结论与讨论

（一）研究结论

作为一个典型的创业型家族企业，匹克集团实现了二次创业中的战略革新，并推动了专业化基础上的国际战略。其跨代创业成功推行的过程同时也是第二代创业者企业家精神的培育过程。家族跨代创业与企业家精神培育实际上是相辅相成的，虽然跨代创业以家族企业的持续传承和财富创造为最终目标，但其深层次的根基应该是家族成员企业家精神的塑造，这决定了家族创业精神是否能够永续。本文通过对匹克集团的家族创业案例研究，分析了其中的作用机制，主要发现以下研究结论：

首先，家族企业内部股权的清晰化以及进入企业工作的家族成员角色定位是确保家族和谐，以及家族持续创业的内部制度保障。特别是在中国家族创业情境下，初期创业由泛家族形式的资源获取便利以及低成本运作方式，使得创业者通常未能重视权利的界定，而这恰恰是诸多家族企业矛盾分化的主要根源。即使在核心家族中，公平的股权界定和清晰的职责分配也同样重要，因为这不仅是消除家族矛盾的隐患，更是基于家族关系的专用型资源积累的制度基础，有利于推动家族创业和实现持续的跨代创业。

第二，在家族创业过程中，下一代创业者的企业家精神培育受到原生家族文化的影响。尊重个人选择的自由发展空间，有利于激发下一代创业者的冒险精神。而核心家族成员的正式与非正式沟通，成为下一代创业者恪守父辈的创业理念和做人准则的有效方式。这些潜移默化的培育方式，一方面尊重个性发展，另外一方面是在自主选择的基础上凸显其独特的能力和职业偏好，为家族创业实践提供了基于个人企业家精神偏向的能力基础。

第三，在跨代创业情形下通过家族创业实践，能够有效地培育和历练下一代创业者的企业家精神。在这个过程中，企业家精神的培育与家族企业的发展战略能够实现有效结合。通过创业实践中更多的自主决策和创新战略的实际运行机会，下一代家族成员的企业家角色逐渐清晰，他们不仅继承家族企业创始人的部分创业资源和能力以及领导方式，也在实际的创业历程中提高具体的管理能力，凭借自身的创业经验拓展家族资源。

（二）研究局限和展望

虽然本文在现有跨代创业的理论框架上提出了新的理论视角，但仍具有一定的局限性，这在后续的研究中有待进一步改善。首先，由于跨代创业是一个比较新的研究话题，还缺少能够突破现有理论基础的全新解释，本文只是在该理论框架上作了一个理论构建的尝试，试图通过深入的单案例研究对跨代创业中的企业家精神培育问题进行分析。实际上，家族创业过程中阻碍企业家精神传承和培养的因素也同样重要，本文未加于考虑，这在后续的研究中值得进一步探讨。其次，在研究方法上，本文研究结论的导出是一种“分析性归纳”（Yin，2003），这是一种推导性逻辑演绎，其结论往往具有开创性和启发性，但是否具有普适性还需进一步检验。后续研究可以在此基础上进行多案例的进一步研究，或者据此提炼出相关的变量，对理论假设进行多样本的分析检验。

参考文献

陈凌、应丽芬，2003：代际传承：家族企业继任管理和创新，《管理世界》第6期。

储小平、李怀祖，2003：信任与家族企业的成长，《管理世界》第6期。

窦军生、贾生华，2008：“家业”何以长青?——企业家个体层面家族企业代际传承要素的识别，《管理世界》第9期。

李新春、何轩、陈文婷，2008：战略创业与家族企业创业精神的传承——基于百年老字号李锦记的案例研究，《管理世界》第10期。

叶康涛，2006：案例研究：从个案分析到理论创建——中国第一届管理案例学术研讨会综述，《管理世界》第2期。

朱小明、吴瑞骋、侯立东，2010：《商海大突围——创新年代下的差异化竞争》，北京：人民体育出版社。

Aldrich, H. E. and J. E. Cliff, 2003, The Pervasive Effects of Family on Entrepreneurship, Toward a Family Embeddedness Perspective, *Journal of Business Venturing*, 18(5), 573-596.

Boers, N. and J. Lora, 2009, *Understanding Transgenerational Entrepreneurship in Family Firms*, Jönköping University, Jönköping, Sweden.

Carney, M., 2005, Corporate Governance and Competitive Advantage in Family-controlled Firms, *Entrepreneurship Theory and Practice*, 29(3), 249-265.

Danes, S. M., K. Stafford, G. Haynes and S. S. Amarapurkar, 2009, Family Capital of Family Firms, Bridging Human, Social, and Financial Capital, *Family Business Review*, 22(3), 199-215.

Eisenhardt, K. M., 1989, Building Theories from Case Study Research, *Academy of Management Review*, 14(4), 532-550.

Eisenhardt, K. and M. Graebner, 2007, Theory Building from Cases, Opportunities and Challenges, *Academy of Management Journal*, 50(1), 25-32.

Fairlie, R. W. and A. Robb, 2007, Families, Human Capital, and Small Business, Evidence from the Characteristics of Business Owners Survey, *Industrial and Labor Relations Review*, 60(2), 225-245.

Habbershon, T. G. and J. Pistrui, 2002, Enterprising Families Domain, Family-influenced Ownership Groups in Pursuit of Transgenerational Wealth, *Family Business Review*, 15(3), 223-237.

Habbershon, T. G. and J. Pistrui, 2005, *Transgenerational Entrepreneurship, Is There Value in Developing a New Domain in the Fields of Entrepreneurship and Family Business,* Bocconi University, Milano.

Habbershon, T. G. and M. L. Williams, 1999, A Resource-based Framework for Assessing the Strategic Advantages of Family Firms, *Family Business Review*, 12(1), 1-25.

Habbershon, T. G., M. Nordqvist and T. M. Zellweger, 2010, Transgenerational Entrepreneurship. In M. Nordqvist, & T. M. Zellweger (Eds.), *Transgenerational Entrepreneurship, Exploring Growth and Performance in Family Firms Across Generations*, 1-38. UK, Edward Elgar Publishing Limited.

Handler, W. C., 1990, Succession in Family Firms, A Mutual Role Adjustment between Entrepreneur and Next-generation Family Members, *Entrepreneurship, Theory & Practice*, 15(1), 37-51.

Hoover, E. A. and C. L. Hoover, 1999, *Getting along in Family Business, The Relationship Intelligence,* Handbook, New York, Routledge.

Hoy, F. and P. Sharma, 2009, *Entrepreneurial Family Firms*, Prentice Hall.

Lambrecht, J. and J. Lievens, 2008, Pruning the Family Tree, An Unexplored Path to Family Business Continuity and Family Harmony, *Family Business Review*, 21(4), 295-313.

Lansberg, I., 1999, *Succeeding Generations*, Boston , Harvard.

Le Breton-Miller, I., D. Miller and L. P. Steier, 2004, Toward an Integrative Model of Effective FOB Succession, *Entrepreneurship, Theory & Practice*, 28(4), 305-328.

Martin, W. L. and G. T. Lumpkin, 2003, From Entrepreneurial Orientation to "Family Orientation", Generational Differences in the Management of Family Businesses, in W. Bygrave, C. Brush, M. Lernes, P. Davidsson, D. Meyer, J. Fiet, J. Sohl, P. Greene, A. Zacharakis and R. Harrison(eds), *Frontiers of Entrepreneurship Research,* Wellesley, MA: Babson College, 309-321.

Naldi, L., M. Nordqvist, K. Sjoberg and J. Wiklund, 2007, Entrepreneurial Orientation, Risk Taking, and Performance in Family Firms, *Family Business Review*, 20(1), 33-47.

Schumpeter, J. A., 1942, *Capitalism, Socialism and Democracy*, New York, Harper.

Serrano, C. C., T. G. Habbershon, M. Nordqvist, C. Salvato and Z. Thomas, 2006, A Conceptual Model of Transgenerational Entrepreneurship in Family-influenced Firms, *Working Paper*.

Sharma, P. and P. G. Irving, 2005, Four Bases of Family Business Successor Commitment, Antecedents and Consequences, *Entrepreneurship Theory and Practice*, 29, 13-33.

Ward, J. L., 1987, *Keeping the Family Business Healthy, How to Plan for Continuing Growth, Profitability, and Family Leadership*, San Francisco, Jossey-Bass.

Yin, R. K., 2003, *Case Study Research, Design and Methods* (3rd edition ed.), Sage Publications, Inc.

Zahra, S. A., J. C. Hayton and C. Salvato, 2004, Entrepreneurship in Family vs. Non-family Firms, A Resource-based Analysis of the Effect of Organizational Culture, *Entrepreneurship, Theory & Practice*, 28(4), 363-381.

Trans-generation Entrepreneurship and Entrepreneurship Cultivating: A Case Study of PEAKSPORT

Liu Jia　Liang Qiang

Abstract: The intergenerational transition is a key strategic issue for the sustainability of family business. Differ from extant studies, this paper tries to analyze the cultivation of entrepreneurship in family business based on the trans-generational entrepreneurship perspective. Using the PEAKSPORT as a case study, the authors find that the cultivation of next-generation's entrepreneurship can be successfully achieved when the family business develops into the inter-generational stage. The cultivation can be finished both through the family and business, the former is characteristic of home education, while the later is carried out in entrepreneurial process. Specifically, the ownership definition, shared vision, clarified right-duty constitute the institutional base, it can accelerate the transition and cultivation of entrepreneurship.

Keywords: trans-generation entrepreneurship, entrepreneurship, family business, Peaksport, case study

中文版书序：空间经济学计量分析的宝典

梁琦（中山大学管理学院工商管理系主任、教授、博士生导师）

当前空间经济学已经成为经济学研究的主流。自从 1991 年克鲁格曼在“规模报酬与经济地理”（Krugman,1991）一文中建立了“中心—外围”模型并将空间因素引入主流经济学分析框架之后，经济学家们对空间因素的重视程度与日俱增。1999 年克鲁格曼、藤田昌久和维纳布尔斯三位学者的专著《空间经济学：城市、区域与国际贸易》成为空间经济学研究的经典成果，尤其是 2008 年克鲁格曼因其“全面整合国际贸易与经济地理的研究成果”而获得了诺贝尔经济学奖，使空间经济学成为举世瞩目的主流经济学。

空间经济学的计量分析与空间经济学的理论突破并行发展。传统的计量经济学，目前分析的重点是考虑时间序列灵气或面板数据的计量方法及其应用，它忽略了地理空间邻近所带来的数据空间相关性和空间异质性，从而可能导致计量估计方法和检验结果的失效或偏差。而空间计量经济学的崛起与快速发展，弥补了传统计量经济学的这些缺陷，它通过空间结构参数化方法能更准确地检验空间变量相互影响的关系、方向和强度。当前空间计量经济学的研究已经跨越了多个经济领域，它激起了区域科学、经济学（特别国际经济学和区域经济学）、地理学、政治科学等诸多学科的学者和实践者的广泛的兴趣和关注。

美国学者詹姆斯・勒沙杰和凯利・佩斯是世界公认的著名空间计量经济学专家。他们合著《空间计量经济学导论》一书英文原版于 2009 年由泰勒和弗朗西斯出版集团出版，是继卢卡・安瑟林《空间计量经济学：方法与模型》（Luc Anselin, 1988）之后不可多得的空间计量分析的专著。该书对空间计量模型的最新发展做了很好的总结，它不仅涵盖了各种空间计量模型的极大似然法估计和贝叶斯估计的基本方法，而且还囊括了其他类似教科书均没有涉及的一些空间计量分析的内容，比如时空分析模型、矩阵指数空间分析模型和受限因变量空间分析模型等。该书的另一大重要贡献就是把传统的贝叶斯方法与新近发展的马尔科夫链蒙特卡罗方法结合起来进行对空间模型参数进行估计，该方法不仅可以分析空间数据的异常值和异质性，而且它还可以分析空间数据生成过程的高阶空间效应。

《空间计量经济学导论》一书把理论分析与实证分析进行了完善的结合。本书的叙述结构非常特别，书中每一章都是以空间模型的设定和动因开始，接着是对这些空间模型进行理论解释，最后以实证举例阐释结束，这使得空间计量经济学的学习者和研究者可以较容易地理解和掌握每一种空间模型的含义和应用。

本书的译者也是近年来一直关注和从事空间经济学和空间计量分析应用研究的青年学者，通过他们的共同努力为我们呈现了《空间计量经济学导论》的中译本。这是一本适合对空间计量分析感兴趣的高年级本科生和研究生以及致力于空间模型应用的实证研究者学习和参考的空间计量经济学教科书。本书在中国出版必然会推动中国空间计量方法的发展与应用。

（由肖光恩、杨勇、熊灵和魏伟等翻译的《空间计量经济学导论》一书，目前已由北京大学出版社出版发行。）

经济科学出版社征订单

由中山大学管理学院李新春教授主编的《中大管理研究》2006至2012年共7卷及2013年第8卷（1）~（4）已由经济科学出版社出版发行，主要发表工商管理、会计学、市场学、旅游管理、公司财务、投资学和管理工程领域的原创性学术研究成果，欢迎海内外学者不吝赐教。

凡购买上述图书的读者，可以通过银行或邮局向我社汇款：

邮购联系方式：

地址：北京市海淀区阜成路甲28号新知大厦经济科学出版社邮购部

邮编：100142

银行汇款：

户　名：经济科学出版社

账　号：0109037310012011105562l

开户行：北京银行阜裕支行

汇款时务必写清书名、册数、联系地址、邮编、收书人、联系电话。

征　订　单

订购单位					
通讯地址					
邮政编码		联系人		联系电话	
书　名				定价	订数
《中大管理研究》2006年第1卷（1）～（2）				48.00	
《中大管理研究》2007年第2卷（1）～（4）				80.00	
《中大管理研究》2008年第3卷（1）～（4）				80.00	
《中大管理研究》2009年第4卷（1）～（4）				80.00	
《中大管理研究》2010年第5卷（1）～（4）				80.00	
《中大管理研究》2011年第6卷（1）～（4）				80.00	
《中大管理研究》2012年第7卷（1）～（4）				80.00	
《中大管理研究》2013年第8卷（1）～（4）				80.00	
合计金额					
应汇金额					

《中大管理研究》各卷将陆续推出，欢迎海内外学者将自己的管理学研究成果邮寄至（或电邮至）中山大学管理学院，具体的联络方式为：

广东省广州市新港西路 135 号
中山大学管理学院
《中大管理研究》编辑部收
邮编：510275
电子信箱：mncms@mail.sysu.edu.cn
电话：86 – 20 – 84110586
传真：86 – 20 – 84036924
（请注明《中大管理研究》编辑部收）

《中大管理研究》的出版得到：

中山大学“十一五”“211”工程、“985”工程、工商管理一级学科国家重点学科资助。